"Maîtriser Amazon KDP : L'Art de Devenir un Auteur à Succès"

Sommaire :

Module 1 : Introduction à Amazon KDP

Objectif : Comprendre les bases d'Amazon KDP et son potentiel pour les auteurs indépendants.

1.1 Introduction à Amazon Kindle Direct Publishing (KDP)

• Présentation de la plateforme KDP et de ses fonctionnalités principales.

• Explication de la manière dont les auteurs peuvent publier leurs livres de manière indépendante grâce à KDP.

1.2 Avantages de l'auto-édition avec KDP

• Analyse des avantages de l'auto-édition par rapport aux voies traditionnelles.

• Discussion sur la flexibilité, le contrôle et le potentiel de revenu offerts par KDP.

1.3 Processus de publication sur KDP

• Étapes à suivre pour publier un livre sur KDP, de la création du compte à la publication effective.

• Présentation des différents formats de livres pris en charge par KDP (ebooks, livres brochés, livres audio).

Module 2 : Préparation de votre livre

Objectif : Apprendre à préparer et à formater votre livre pour la publication sur Amazon KDP.

2.1 Choix d'un sujet et d'un genre rentable

- Stratégies pour choisir un sujet de livre rentable basé sur la demande du marché.

- Identification des genres populaires et des niches lucratives sur Amazon.

2.2 Rédaction et édition de votre livre

- Conseils pour rédiger un contenu de qualité qui attire les lecteurs.

- Importance de l'édition professionnelle pour garantir la qualité du livre.

2.3 Création de couvertures attrayantes

- Techniques pour concevoir des couvertures de livre accrocheuses et professionnelles.

- Outils et ressources pour créer des couvertures de livre de qualité.

Module 3 : Publication et Optimisation sur Amazon

Objectif : Apprendre à publier votre livre sur Amazon KDP et à l'optimiser pour maximiser ses performances.

3.1 Création d'un compte KDP

• Instructions étape par étape pour créer un compte KDP.

• Configuration des paramètres de compte et de paiement.

3.2 Configuration de votre livre sur KDP

• Ajout de métadonnées telles que le titre, la description et les mots-clés.

• Sélection des catégories pertinentes pour votre livre.

3.3 Optimisation de votre page de vente

• Techniques pour rédiger une description de livre convaincante.

• Utilisation des mots-clés pour améliorer la visibilité de votre livre sur Amazon.

Module 4 : Promotion et Marketing

Objectif : Apprendre à promouvoir votre livre et à attirer des lecteurs sur Amazon.

4.1 Élaboration d'un plan de marketing

- Identification des canaux de promotion efficaces pour votre livre.

- ·Planification d'activités de marketing telles que les promotions, les annonces et les partenariats.

4.2 Utilisation des réseaux sociaux

- Stratégies pour promouvoir votre livre sur les réseaux sociaux tels que Facebook, Twitter et Instagram.

- Conseils pour engager les lecteurs et créer une communauté autour de votre livre.

4.3 Collaboration avec d'autres auteurs et influenceurs

- Techniques pour établir des partenariats avec d'autres auteurs ou influenceurs dans votre domaine.

- Organisation de promotions croisées et d'événements de lancement conjoints.

Module 5 : Suivi et Optimisation des Performances

Objectif : Apprendre à suivre les performances de votre livre sur Amazon et à optimiser votre stratégie en conséquence.

5.1 Utilisation du tableau de bord KDP

• Interprétation des données de vente disponibles dans le tableau de bord KDP.

• Suivi des performances de votre livre au fil du temps.

5.2 Analyse des données de vente

• Identification des tendances de vente et des opportunités pour votre livre.

• Utilisation des informations pour ajuster votre stratégie de marketing et de promotion.

5.3 Révision de votre stratégie

• Évaluation régulière de votre plan de marketing et d'édition.

• Adaptation de votre stratégie en fonction des résultats obtenus.

Module 6 : Expansion et Diversification

Objectif : Explorer des moyens supplémentaires de monétiser votre contenu et d'élargir votre portée avec Amazon KDP.

6.1 Exploration de nouveaux marchés et langues

- Utilisation de KDP Select et KDP Global pour atteindre des marchés internationaux.

- Traduction de votre livre dans d'autres langues pour toucher de nouveaux lecteurs.

6.2 Création de séries de livres

- Avantages de la création de séries de livres pour fidéliser les lecteurs.

- Stratégies pour planifier et écrire une série à succès.

6.3 Publication de livres audio avec ACX

- Présentation d'ACX (Audiobook Creation Exchange) et de ses avantages pour les auteurs.

- Processus de publication de livres audio sur Amazon.

Module 7 : Low Content et High Content sur Amazon KDP

Objectif : Découvrir les concepts de low content et de high content et apprendre à les utiliser pour créer et vendre des produits sur Amazon KDP.

7.1 Introduction au Low Content et au High Content

Définition du low content et du high content.
- Explication de la popularité croissante de ces produits sur Amazon KDP.

7.2 Création de Low Content Products

-Qu'est-ce que le low content ?
   - Comment concevoir et formater efficacement des produits low content pour Amazon KDP.
- Stratégies de tarification et de marketing pour les produits low content.

7.3 Création de High Content Products

Qu'est-ce que le high content ?
- Exemples de produits high content : livres d'activités, guides, manuels, etc.
- Processus de création et de mise en forme de produits high content sur Amazon KDP.
- Techniques pour développer des produits high content attrayants et engageants.

7.4 Stratégies de Tarification et de Marketing

- Détermination du prix optimal pour les produits low content et high content.
- Utilisation de techniques de marketing efficaces pour promouvoir vos produits sur Amazon.
- Conseils pour améliorer la visibilité et les ventes de vos produits low content et high content.

7.5 Gestion des Ventes et Optimisation Continue

- Surveillance des performances de vos produits sur Amazon KDP.
- Collecte de commentaires clients et ajustements en conséquence.
- Techniques pour optimiser vos produits et maximiser vos revenus.

7.6 Opportunités et Défis

- Analyse des opportunités et des défis associés à la création et à la vente de produits low content et high content.
- Conseils pour tirer le meilleur parti de ces concepts sur Amazon KDP.

Module Bonus : Ressources et Outils

Objectif : Fournir des ressources et des outils utiles pour soutenir les auteurs dans leur parcours avec Amazon KDP.

Bonus 1 : Outils et logiciels utiles

• Liste d'outils et de logiciels pour la création, l'édition et la promotion de livres sur Amazon KDP.

Bonus 2 : Communauté en ligne et groupes de soutien

• Recommandations de communautés en ligne et de groupes de soutien pour les auteurs KDP.

. Glossaire

. Foire aux questions

. Droits d'auteur

Module 1 : Introduction à Amazon KDP

Objectif : Comprendre les bases d'Amazon KDP et son potentiel pour les auteurs indépendants.

1.1 Introduction à Amazon Kindle Direct Publishing (KDP)

Amazon Kindle Direct Publishing (KDP) est une plateforme d'auto-édition qui permet aux auteurs du monde entier de publier leurs livres de manière indépendante et de les proposer à la vente sur la boutique Kindle d'Amazon. En utilisant KDP, les auteurs ont un contrôle total sur le processus de publication, depuis la création de leur livre jusqu'à sa mise à disposition des lecteurs. Voici une présentation des principales fonctionnalités de KDP et de la manière dont les auteurs peuvent en tirer parti :

- **Présentation de la plateforme KDP** : KDP offre aux auteurs un accès facile à une plateforme de publication en ligne intuitive. Les auteurs peuvent créer un compte gratuitement et commencer à publier leurs livres en quelques étapes simples.

- **Fonctionnalités principales de KDP** : La plateforme KDP offre plusieurs fonctionnalités pour aider les auteurs à publier et à gérer leurs livres, y compris la possibilité de télécharger des manuscrits, de créer des descriptions de livre, de définir des prix, de suivre les ventes et de recevoir des redevances.

- **Publication indépendante** : KDP permet aux auteurs de publier leurs livres sans avoir besoin de passer par des maisons d'édition traditionnelles. Cela signifie que les auteurs ont un contrôle total sur leur œuvre, y compris les droits d'auteur, la conception de la couverture et la stratégie de tarification.

En résumé, Amazon KDP offre une plateforme accessible et puissante pour les auteurs indépendants qui souhaitent publier et commercialiser leurs livres de manière autonome. Grâce à KDP, les auteurs peuvent atteindre un large public de lecteurs potentiels et réaliser leur rêve de voir leurs œuvres publiées et disponibles à la vente.

1.2 Avantages de l'auto-édition avec KDP

L'auto-édition avec Amazon KDP offre de nombreux avantages par rapport aux voies traditionnelles de publication. Dans cette section, nous allons analyser ces avantages et discuter de la flexibilité, du contrôle et du potentiel de revenu offerts par KDP.

Flexibilité: L'un des principaux avantages de l'auto-édition avec KDP est la flexibilité qu'elle offre aux auteurs. Contrairement aux voies traditionnelles de publication, où les auteurs peuvent être soumis à des contrats restrictifs et à des délais serrés, KDP permet aux auteurs de travailler à leur propre rythme. Les auteurs peuvent choisir quand et comment publier leurs livres, sans pression extérieure.

De plus, l'auto-édition offre une flexibilité en termes de contenu. Les auteurs ont le contrôle total sur le contenu de leurs livres, ce qui signifie qu'ils peuvent explorer des sujets ou des styles qui pourraient ne pas être pris en charge par les maisons d'édition traditionnelles. Cela permet aux auteurs de s'exprimer librement et de créer des œuvres uniques et originales.

Contrôle : KDP offre aux auteurs un niveau sans précédent de contrôle sur leur travail. Ils conservent les droits d'auteur de leurs livres et peuvent décider de la manière dont leur travail est publié et commercialisé. Ils ont également un contrôle total sur des aspects tels que la conception de la couverture, la tarification et la stratégie de promotion.

Ce contrôle accru permet aux auteurs de s'adapter rapidement aux changements du marché et de prendre des décisions éclairées pour maximiser leurs revenus. De plus, ils peuvent apporter des modifications à leurs livres à tout moment, ce qui leur permet d'ajuster leur contenu en fonction des commentaires des lecteurs ou des évolutions de leur propre style d'écriture.

Potentiel de revenu : Un autre avantage majeur de l'auto-édition avec KDP est le potentiel de revenu qu'elle offre aux auteurs. Contrairement aux contrats d'édition traditionnels qui peuvent offrir des avances modestes et des redevances faibles, KDP permet aux auteurs de conserver une plus grande part des revenus de leurs ventes.

En outre, KDP offre la possibilité de toucher un large public grâce à la portée mondiale d'Amazon. Cela signifie que même les auteurs débutants ou ceux dont le sujet est de niche peuvent atteindre des milliers, voire des millions, de lecteurs potentiels dans le monde entier.

En conclusion, l'auto-édition avec Amazon KDP offre aux auteurs une flexibilité, un contrôle et un potentiel de revenu sans précédent. Ces avantages font de KDP une option attrayante pour les auteurs indépendants qui cherchent à partager leurs œuvres avec le monde et à réaliser leur potentiel créatif et financier.

1.2 Processus de publication sur KDP

Le processus de publication sur Amazon KDP est relativement simple et accessible à tous les auteurs. Dans cette section, nous allons détailler les étapes à suivre pour publier un livre sur KDP, depuis la création du compte jusqu'à la publication effective. Nous présenterons également les différents formats de livres pris en charge par KDP, y compris les ebooks, les livres brochés et les livres audio.

Étapes à suivre pour publier un livre sur KDP :

1. Création d'un compte KDP : La première étape pour publier un livre sur KDP est de créer un compte sur la plateforme. Cela peut être fait en quelques minutes en fournissant des informations de base telles que votre nom, votre adresse e-mail et vos coordonnées bancaires pour recevoir les paiements.

2. Préparation du livre : Une fois votre compte créé, vous pouvez commencer à préparer votre livre pour la publication. Cela implique d'avoir votre manuscrit prêt, qu'il s'agisse d'un ebook, d'un livre broché ou d'un livre audio, ainsi que toute autre information nécessaire comme la description du livre, les mots-clés et les catégories.

3- Formatage du livre : Selon le format de votre livre, vous devrez le formater correctement pour qu'il soit compatible avec les normes de KDP. Pour les ebooks, cela peut impliquer la conversion de votre manuscrit en format Kindle (.mobi). Pour les livres brochés, vous devrez préparer un fichier PDF conforme aux spécifications de KDP. Pour les livres audio, vous devrez créer et télécharger des fichiers audios aux formats pris en charge.

- **Téléchargement du livre :** Une fois votre livre prêt, vous pouvez le télécharger sur KDP en suivant les instructions fournies sur la plateforme. Vous devrez sélectionner le type de livre que vous publiez (ebook, livre broché ou livre audio) et télécharger les fichiers appropriés. Vous devrez également fournir des informations telles que le titre, l'auteur, la description et la couverture du livre.

- **Configuration des détails de publication :** Après avoir téléchargé votre livre, vous devrez configurer les détails de publication tels que le prix, les droits d'auteur, les options de distribution et les paramètres de promotion. Vous pourrez également prévisualiser votre livre pour vous assurer qu'il s'affiche correctement sur les appareils de lecture Kindle.

- **Examen par Amazon :** Une fois que vous avez configuré tous les détails de publication, vous pouvez soumettre votre livre pour examen par Amazon. Cela peut prendre quelques jours ouvrables, pendant lesquels Amazon vérifiera que votre livre respecte leurs directives de publication.

- **Publication effective :** Une fois que votre livre a été examiné et approuvé par Amazon, il sera publié sur la boutique Kindle d'Amazon et sera disponible à l'achat par les lecteurs du monde entier. Vous pourrez suivre les performances de votre livre via le tableau de bord KDP et commencer à gagner des revenus grâce à vos ventes.

Présentation des différents formats de livres pris en charge par KDP :

- **Ebooks :**

Les ebooks, ou livres électroniques, représentent une révolution dans le monde de l'édition. Ils permettent aux lecteurs d'accéder à une vaste bibliothèque de contenus littéraires depuis une variété d'appareils, tels que les liseuses Kindle, les smartphones, les tablettes et les ordinateurs. Cette accessibilité accrue a considérablement élargi le public de lecture et a rendu les livres plus accessibles que jamais. L'un des avantages majeurs des ebooks est leur portabilité. Les lecteurs peuvent emporter avec eux une multitude de livres sans alourdir leur sac, ce qui les rend parfaits pour les déplacements, les voyages ou tout simplement pour lire n'importe où et à tout moment. De plus, les ebooks offrent une expérience de lecture personnalisable, permettant aux utilisateurs d'ajuster la taille de la police, la luminosité et d'autres paramètres selon leurs préférences individuelles. Pour les auteurs, les ebooks représentent également une opportunité de toucher un public mondial sans les contraintes traditionnelles de l'édition physique. Ils peuvent publier leurs livres rapidement et à moindre coût, et bénéficier de revenus potentiels grâce aux ventes en ligne. De plus, les ebooks permettent aux auteurs de mettre à jour facilement leur contenu, de répondre aux commentaires des lecteurs et de tester différentes stratégies de marketing pour maximiser leur visibilité. En résumé, les ebooks ont révolutionné la manière dont nous accédons à la littérature et ont ouvert de nouvelles portes tant pour les lecteurs que pour les auteurs. Ils offrent une flexibilité, une accessibilité et une portée inégalées, ce qui en fait un format essentiel dans l'industrie de l'édition moderne.

- **Livres brochés :**

Les livres brochés représentent l'ancienne garde de l'édition, offrant une expérience de lecture tangible et tactile qui est souvent appréciée par les lecteurs traditionnels. Contrairement aux ebooks, qui sont des versions numériques de livres, les livres brochés sont des éditions imprimées qui peuvent être tenues entre les mains. Ils sont fabriqués sur demande, ce qui signifie qu'ils ne sont imprimés qu'après qu'une commande a été passée par un lecteur, ce qui réduit les coûts de stockage et de distribution pour les auteurs et les éditeurs.

L'une des caractéristiques distinctives des livres brochés est leur couverture souple, qui est généralement faite de papier cartonné ou de carton plus léger et recouverte d'un revêtement protecteur. Cette reliure souple permet une ouverture facile du livre et une expérience de lecture confortable. De plus, les livres brochés offrent une variété d'options de personnalisation, notamment la possibilité d'inclure des illustrations couleur, des pages bonus et des dédicaces personnalisées.

Pour de nombreux lecteurs, les livres brochés restent le choix préféré en raison de leur aspect physique et de la sensation qu'ils procurent. Ils sont souvent collectés et affichés sur des étagères comme des œuvres d'art, et certains lecteurs apprécient le rituel de tourner les pages et de sentir l'odeur du papier et de l'encre. Les livres brochés sont également populaires en cadeau, offrant une expérience plus significative et personnelle que les ebooks.

En résumé, les livres brochés continuent d'être une option appréciée par de nombreux lecteurs pour leur caractère tangible et leur esthétique classique. Ils offrent une alternative physique aux ebooks et restent une partie importante de l'expérience de lecture pour de nombreux passionnés de livres.

- **Livre audio :**

Les livres audio représentent une révolution dans le monde de la lecture, offrant une alternative immersive pour les lecteurs qui préfèrent écouter des histoires plutôt que de les lire. Ces enregistrements audios de livres permettent aux auditeurs de profiter de leurs livres préférés tout en vaquant à d'autres activités, comme la conduite, la marche ou les tâches ménagères.

L'un des principaux avantages des livres audio est leur accessibilité accrue. Ils permettent aux personnes malvoyantes ou ayant des difficultés de lecture de profiter pleinement de la littérature. De plus, les livres audio offrent une expérience multitâche, permettant aux lecteurs de consommer des livres tout en effectuant d'autres activités, ce qui les rend idéaux pour les personnes occupées qui souhaitent maximiser leur temps.

Les livres audio sont souvent narrés par des acteurs professionnels ou même par les auteurs eux-mêmes, ce qui ajoute une dimension supplémentaire à l'expérience de lecture. Les différentes voix, intonations et expressions ajoutent une profondeur et une richesse à l'histoire, ce qui peut rendre la narration encore plus captivante que la lecture traditionnelle.

En outre, les livres audio offrent une immersion accrue dans l'histoire grâce à l'utilisation de sons, de musiques et parfois même d'effets spéciaux. Cela crée une expérience sensorielle riche qui peut transporter les auditeurs directement dans le monde de l'histoire, renforçant ainsi leur engagement et leur plaisir de la lecture.

En résumé, les livres audio sont devenus une option populaire pour les lecteurs du monde entier, offrant une alternative pratique et immersive à la lecture traditionnelle. Leur accessibilité, leur aspect multitâche et leur narration captivante en font une forme de divertissement appréciée par de nombreux passionnés de livres.

En résumé, Amazon KDP offre aux auteurs une plateforme accessible et polyvalente pour publier et commercialiser leurs livres dans différents formats. En suivant les étapes de publication décrites ci-dessus et en choisissant le format qui convient le mieux à leur livre, les auteurs peuvent partager leurs œuvres avec le monde et atteindre un large public de lecteurs potentiels.

Module 2 : Préparation de votre livre

Dans cette section, nous allons aborder les étapes cruciales de la préparation de votre livre pour la publication sur Amazon KDP. Le choix d'un sujet et d'un genre rentable est l'une des premières décisions que vous devrez prendre en tant qu'auteur. Dans cette partie, nous allons explorer en détail ce processus et vous fournir des conseils pour choisir un sujet et un genre qui peuvent maximiser votre potentiel de réussite sur Amazon KDP.

1- Choisir un sujet et un genre rentable

Le choix du sujet et du genre de votre livre est une étape critique dans le processus de publication. Il est essentiel de sélectionner un sujet qui suscite l'intérêt des lecteurs et qui a un potentiel de rentabilité sur le marché. Voici quelques conseils pour vous aider à choisir un sujet et un genre rentable pour votre livre :

2- Identifiez votre passion et votre expertise

Commencer par réfléchir à vos propres passions, intérêts et domaines d'expertise est une étape fondamentale dans le processus de choix du sujet de votre livre. Voici une analyse détaillée de cette démarche :

Identification des passions et des intérêts : Prenez le temps de réfléchir à ce qui vous passionne dans la vie. Quels sont les sujets qui vous animent et vous inspirent ? Quels sont les domaines dans lesquels vous avez toujours voulu approfondir vos connaissances ? Identifiez les sujets qui suscitent votre intérêt et qui vous motivent intrinsèquement.

Évaluation des domaines d'expertise : En plus de vos passions personnelles, évaluez également vos domaines d'expertise et vos compétences particulières. Quels sont les sujets sur lesquels vous avez une connaissance approfondie et une expérience pratique ? Identifiez vos forces et vos compétences uniques qui pourraient vous aider à aborder un sujet de manière approfondie et authentique.

Alignement avec votre vision : Choisissez un sujet qui résonne avec votre vision artistique et vos objectifs en tant qu'écrivain. Assurez-vous que le sujet que vous choisissez est en harmonie avec votre identité créative et votre style d'écriture. Vous serez plus en mesure de vous investir pleinement dans un projet qui est en phase avec vos valeurs et vos aspirations artistiques.

Réflexion sur l'engagement : Considérez l'engagement à long terme nécessaire pour écrire un livre. Choisissez un sujet sur lequel vous êtes prêt à investir du temps, de l'énergie et de la passion pendant toute la durée du processus d'écriture et de publication. Votre engagement sincère envers le sujet se reflétera dans la qualité et l'authenticité de votre écriture.

Impact sur l'écriture : Écrire sur un sujet qui vous passionne et dans lequel vous excellez naturellement stimulera votre créativité et votre motivation. Votre passion et votre engagement transparaîtront dans votre écriture, ce qui rendra votre livre plus vivant, plus captivant et plus convaincant pour les lecteurs.

Conclusion : En choisissant un sujet qui correspond à vos passions, intérêts et domaines d'expertise, vous pouvez créer un livre qui vous inspire et qui inspire également vos lecteurs. Votre engagement sincère envers le sujet se reflétera dans votre écriture, renforçant ainsi l'authenticité et la pertinence de votre livre.

3- Effectuer des recherches sur la demande du marché :

Exploration des best-sellers : Commencez par explorer les best-sellers dans différents genres sur Amazon. Parcourez les listes de livres les plus vendus dans les catégories qui vous intéressent et notez les tendances dominantes. Examinez les thèmes récurrents et les sujets populaires pour comprendre ce qui intéresse actuellement les lecteurs.

Identification des tendances émergentes : En plus des best-sellers établis, recherchez les tendances émergentes dans votre créneau. Regardez les nouveaux arrivants sur les listes de best-sellers et notez les sujets qui gagnent en popularité. Cela peut vous aider à anticiper les besoins des lecteurs et à vous positionner sur un marché en croissance.

Utilisation d'outils et de ressources : Utilisez des outils disponibles tels que les listes de best-sellers d'Amazon, les mots-clés populaires et les groupes de discussion pour recueillir des données sur la demande potentielle pour votre sujet. Les listes de best-sellers vous donnent un aperçu instantané des tendances actuelles, tandis que les mots-clés populaires peuvent révéler ce que les lecteurs recherchent activement. Les groupes de discussion peuvent également fournir des informations précieuses en vous permettant d'interagir directement avec votre public cible et de comprendre leurs besoins et leurs préférences.

Analyse approfondie : Une fois que vous avez recueilli des données sur la demande du marché, prenez le temps d'analyser ces informations de manière approfondie. Comparez les différentes sources pour obtenir une image claire de ce qui fonctionne actuellement sur le marché et où se situent les opportunités pour votre livre. Considérez également comment votre propre expertise, intérêt et passion peuvent s'aligner avec les besoins du marché.

Conclusion : En effectuant des recherches approfondies sur la demande du marché, vous pouvez prendre des décisions éclairées sur le sujet de votre livre et augmenter vos chances de succès. En comprenant les tendances du marché et les besoins des lecteurs, vous pouvez créer un livre qui répond à une demande réelle et captiver votre public cible.

4-   **Analysez la concurrence :**

Étudier la concurrence dans votre domaine choisi est une étape essentielle pour créer un livre qui se démarque sur le marché. Voici une analyse détaillée de cette démarche :

Examen des livres existants : Commencez par examiner les livres déjà publiés sur des sujets similaires au vôtre. Parcourez les titres, les descriptions et les extraits disponibles en ligne pour comprendre ce que proposent vos concurrents. Notez les différents angles, styles et approches utilisés par les auteurs concurrents.

Analyse des performances : Évaluez les performances des livres concurrents en examinant leur classement sur Amazon, leurs ventes, leurs critiques et leurs évaluations. Cela vous aidera à comprendre quels types de livres attirent le plus l'attention des lecteurs et quelles sont les attentes du marché en termes de qualité et de contenu.

Identification des lacunes : Cherchez des lacunes ou des opportunités non exploitées dans le contenu existant. Cela peut inclure des sujets peu couverts, des approches innovantes ou des angles uniques qui n'ont pas encore été explorés par d'autres auteurs. Recherchez des domaines où la demande des lecteurs n'est pas pleinement satisfaite et où vous pourriez apporter une valeur ajoutée avec votre livre.

Recherche d'angles uniques : Explorez des angles uniques ou des perspectives originales que vous pourriez apporter à votre livre pour vous démarquer de la concurrence. Cela pourrait impliquer d'offrir une expertise unique, de présenter des cas d'étude exclusifs, d'intégrer des témoignages ou des interviews pertinents, ou d'aborder le sujet d'une manière innovante et captivante.

Analyse comparative : Comparez votre propre expertise, votre style d'écriture et votre approche avec ceux de vos concurrents. Identifiez vos points forts et vos différenciateurs uniques qui pourraient vous aider à vous positionner avantageusement sur le marché.

Conclusion : En étudiant la concurrence dans votre domaine choisi, vous pouvez obtenir des insights précieux qui vous aideront à façonner votre livre de manière à répondre aux besoins du marché tout en vous démarquant de la concurrence. En identifiant les lacunes, les angles uniques et les perspectives originales, vous pouvez créer un livre qui attire l'attention des lecteurs et qui se positionne comme une référence incontournable dans votre domaine.

5- Considérez le potentiel de rentabilité :

Évaluer le potentiel de rentabilité de votre livre est crucial lors de la planification de votre projet d'écriture. Voici une analyse détaillée de cette étape :

Analyse des formats de livres : Tout d'abord, explorez les différents formats de livres pris en charge par KDP, notamment les eBooks, les livres brochés et les livres audio. Chaque format a ses propres avantages et inconvénients en termes de coûts de production, de prix de vente et de demande du marché. Prenez en compte ces facteurs lors de la sélection du format le plus approprié pour votre livre.

Évaluation du prix de vente optimal : Déterminez le prix de vente optimal pour votre livre en tenant compte de divers facteurs tels que la concurrence sur le marché, la valeur perçue par les lecteurs, et vos objectifs financiers. Assurez-vous de fixer un prix compétitif qui reflète la qualité et la valeur de votre livre tout en maximisant vos revenus potentiels.

Calcul des coûts de production : Estimez vos coûts de production en tenant compte des dépenses liées à l'écriture, à l'édition, à la conception de la couverture, à la conversion de format, et à toute autre dépense associée à la création de votre livre. Assurez-vous d'inclure tous les coûts pour obtenir une estimation réaliste des dépenses nécessaires pour publier votre livre.

Estimation des revenus potentiels : Une fois que vous avez déterminé votre prix de vente et estimé vos coûts de production, estimez vos revenus potentiels en fonction des ventes prévues. Utilisez des données de marché, des projections de vente et des outils de calcul disponibles pour obtenir une estimation réaliste de vos revenus potentiels dans différents scénarios de vente.

Analyse comparative : Comparez les coûts de production et les revenus potentiels pour chaque format de livre pris en charge par KDP afin de déterminer le format le plus rentable pour votre projet. Considérez également d'autres facteurs tels que la demande du marché, la concurrence et vos propres objectifs et contraintes financières lors de la prise de décision.

Conclusion : En prenant en compte le potentiel de rentabilité de votre livre en plus de l'intérêt du sujet et de la demande du marché, vous pouvez prendre des décisions éclairées sur la publication de votre livre. En analysant attentivement les différents formats de livres, en évaluant le prix de vente optimal, et en estimant vos coûts de production et vos revenus potentiels, vous pouvez maximiser vos chances de succès financier avec votre livre sur KDP.

6- Restez fidèle à votre vision :

Rester fidèle à votre vision et à votre voix en tant qu'auteur est tout aussi important que d'analyser la demande du marché. Voici une analyse approfondie de cette idée :

Authenticité et passion : Choisir un sujet qui vous passionne est essentiel pour créer un livre authentique et engageant. Lorsque vous êtes passionné par votre sujet, cela se reflète dans votre écriture et dans la façon dont vous communiquez vos idées aux lecteurs. Votre passion vous permettra de rester motivé tout au long du processus d'écriture et d'insuffler de l'énergie et de l'enthousiasme à votre travail.

Créativité et expertise : Sélectionnez un sujet qui vous permet d'exprimer votre créativité et votre expertise de manière authentique. En puisant dans votre expérience personnelle, vos connaissances et vos compétences, vous pouvez apporter une perspective unique à votre livre et offrir un contenu original et précieux à vos lecteurs. Ne craignez pas d'explorer des idées nouvelles ou des angles uniques qui vous inspirent, même s'ils ne suivent pas nécessairement les tendances du marché.

Impact sur l'écriture : Lorsque vous écrivez sur un sujet qui vous passionne, votre engagement émotionnel se manifeste dans votre écriture. Vous êtes plus susceptible de transmettre votre enthousiasme et votre conviction à vos lecteurs, ce qui les rendra plus enclins à s'engager avec votre livre et à en tirer des bénéfices. Votre voix d'auteur devient plus authentique et personnelle, ce qui crée une connexion plus profonde avec votre public.

Captiver les lecteurs : Votre passion et votre engagement envers votre sujet sont contagieux et captiveront naturellement les lecteurs. Les lecteurs peuvent détecter l'authenticité dans votre écriture et seront plus enclins à s'impliquer avec votre livre s'ils sentent que l'auteur est véritablement investi dans le sujet. Votre passion peut également vous aider à surmonter les défis et les obstacles rencontrés pendant le processus d'écriture, vous permettant ainsi de produire un travail de qualité supérieure.

Équilibre entre passion et demande du marché : Bien que la passion soit un moteur puissant pour l'écriture, il est également important de trouver un équilibre entre votre passion personnelle et la demande du marché. Cherchez des sujets qui vous passionnent tout en tenant compte des intérêts et des besoins de votre public cible. En trouvant ce juste milieu, vous pouvez créer un livre qui répond à vos aspirations artistiques tout en étant pertinent et attrayant pour les lecteurs.

Conclusion : Rester fidèle à votre vision et à votre voix en tant qu'auteur est essentiel pour créer un livre authentique et engageant. En choisissant un sujet qui vous passionne et qui vous permet d'exprimer votre créativité et votre expertise de manière authentique, vous pouvez captiver les lecteurs et créer un impact durable avec votre écriture.

Choisir un sujet et un genre rentable est une étape cruciale dans la préparation de votre livre pour la publication sur Amazon KDP. En suivant ces conseils et en effectuant des recherches approfondies, vous pouvez sélectionner un sujet qui suscite l'intérêt des lecteurs, répond à la demande du marché et maximise votre potentiel de réussite en tant qu'auteur indépendant.

2.2 Rédaction et édition de votre livre

La rédaction et l'édition de votre livre sont des étapes essentielles qui contribuent à la qualité globale de votre œuvre et à son attrait pour les lecteurs. Dans cette section, nous explorerons les conseils pour rédiger un contenu de qualité qui attire les lecteurs, ainsi que l'importance de l'édition professionnelle pour garantir la qualité de votre livre.

Conseils pour rédiger un contenu de qualité :

1. **Développez une structure solide :**

Développer une structure solide est une étape cruciale dans le processus d'écriture de votre livre. Voici une analyse détaillée de cette étape :

Identification des principaux éléments : Avant de commencer à écrire, prenez le temps d'identifier les principaux chapitres, sections ou thèmes que vous souhaitez aborder dans votre livre. Réfléchissez aux concepts clés que vous souhaitez communiquer à vos lecteurs et décomposez-les en différentes parties ou sous-thèmes.

Organisation logique : Une fois que vous avez identifié les principaux éléments de votre livre, organisez-les de manière logique. Pensez à la progression naturelle des idées et des informations que vous souhaitez présenter. Assurez-vous que chaque chapitre ou section s'articule de manière fluide et cohérente avec le précédent, créant ainsi une narration fluide et captivante.

Équilibre et cohérence : Veillez à ce que votre structure soit équilibrée et cohérente tout au long du livre. Assurez-vous que chaque partie du livre contribue de manière significative à l'ensemble et que rien n'est superflu ou redondant. Évitez les sauts brusques ou les transitions abruptes qui pourraient dérouter ou désorienter le lecteur.

Guidage du lecteur : L'objectif principal de votre structure est de guider le lecteur à travers votre livre de manière claire et engageante. Assurez-vous que votre structure facilite la compréhension et la navigation pour le lecteur, lui permettant de suivre aisément le fil conducteur de votre argumentation ou de votre récit.

Flexibilité : Bien que vous ayez élaboré une structure solide, soyez prêt à faire des ajustements au fur et à mesure de l'avancement de votre travail. Il est normal que la structure évolue au fil de l'écriture, en fonction de nouvelles idées, de découvertes de recherche ou de retours de lecteurs. Restez ouvert à la possibilité d'ajuster votre structure pour répondre aux besoins de votre livre et de votre public.

Conclusion : En développant une structure solide pour votre livre, vous créez un cadre solide qui soutient et renforce l'impact de votre écriture. Une structure claire, logique et engageante guidera les lecteurs à travers votre livre de manière cohérente et les incitera à s'engager pleinement avec votre contenu.

2. Connaissez votre public cible :

Connaitre votre public cible est une étape essentielle pour créer un livre qui résonne avec les lecteurs. Voici une analyse détaillée de cette étape :

Compréhension des besoins et des intérêts : Prenez le temps de comprendre les besoins, les intérêts et les préférences de votre public cible. Quels sont les défis auxquels ils sont confrontés ? Quels sujets les intéressent le plus ? Quel type d'information recherchent-ils dans un livre comme le vôtre ? La connaissance approfondie de votre public vous permettra d'adapter votre contenu de manière à répondre efficacement à leurs attentes.

Adaptation du style d'écriture et du ton : Adaptez votre style d'écriture et votre ton pour correspondre au profil de votre lectorat. Si votre public est composé de professionnels, adoptez un ton plus formel et utilisez un langage technique approprié. En revanche, si votre livre s'adresse à un public plus général, optez pour un ton plus accessible et un langage clair et simple.

Personnalisation du contenu : Personnalisez le contenu de votre livre pour répondre aux besoins spécifiques de votre public cible. Identifiez les problèmes ou les défis que votre lectorat rencontre fréquemment et proposez des solutions pratiques et pertinentes. Intégrez des exemples concrets, des études de cas et des anecdotes qui résonnent avec votre public et illustrent vos points de manière efficace.

Engagement et empathie : Impliquez-vous dans votre sujet de manière à ce que les lecteurs se sentent compris et interpellés. Montrez de l'empathie envers les défis et les préoccupations de votre public et offrez-leur un contenu informatif et inspirant qui les motive à agir. Établissez une connexion émotionnelle avec vos lecteurs en partageant des expériences personnelles ou des témoignages qui renforcent votre crédibilité et votre authenticité en tant qu'auteur.

Feedback et ajustements : Soyez ouvert au feedback de votre lectorat et ajustez votre contenu en conséquence. Prenez en compte les commentaires, les critiques et les suggestions de vos lecteurs pour améliorer la qualité et la pertinence de votre livre. L'écoute active de votre public vous permettra d'affiner votre message et de mieux répondre à leurs besoins au fil du temps.

Conclusion : En gardant toujours votre public cible à l'esprit, vous pouvez créer un livre qui résonne avec les lecteurs et qui répond efficacement à leurs besoins et à leurs intérêts. En adaptant votre style d'écriture, votre ton et votre contenu pour correspondre au profil de votre lectorat, vous pouvez établir une connexion plus profonde et plus significative avec vos lecteurs, ce qui renforcera l'impact et la portée de votre livre.

3. Écrivez de manière claire et concise :

Écrire de manière claire et concise est essentiel pour captiver l'attention du lecteur et communiquer efficacement vos idées. Voici une analyse détaillée de cette recommandation :

Simplicité et clarté : Choisissez des mots simples et clairs qui facilitent la compréhension de votre message. Évitez les termes techniques ou jargonnants qui pourraient compliquer inutilement la lecture pour votre public. Optez pour une langue accessible qui permet à chacun de comprendre facilement votre contenu, quel que soit son niveau de connaissances préalables sur le sujet.

Concision et précision : Soyez concis et précis dans votre écriture en évitant les phrases trop longues ou alambiquées. Cherchez à transmettre votre message de la manière la plus succincte possible, sans sacrifier pour autant la clarté ou la profondeur du contenu. Éliminez les mots superflus et les constructions grammaticales complexes qui pourraient alourdir votre prose et distraire le lecteur de l'essentiel.

Structuration du contenu : Organisez votre contenu de manière logique et cohérente pour guider le lecteur à travers votre argumentation ou votre récit de manière fluide et efficace. Utilisez des titres, des sous-titres et des paragraphes pour segmenter votre texte et faciliter la digestion de l'information par le lecteur. Veillez à ce que chaque section de votre livre soit clairement délimitée et aborde un aspect spécifique du sujet de manière concise et pertinente.

Élimination des ambiguïtés : Évitez les ambiguïtés et les formulations vagues qui pourraient prêter à confusion pour le lecteur. Soyez direct et explicite dans vos propos, en veillant à ce que chaque phrase soit interprétable de manière univoque. Clarifiez toute terminologie ou concept complexe en fournissant des définitions ou des explications supplémentaires si nécessaire.

Impact sur l'engagement : Une écriture claire et concise captive l'attention du lecteur et maintient son intérêt tout au long de votre livre. En communiquant vos idées de manière directe et accessible, vous facilitez l'assimilation et la rétention de l'information par le lecteur, ce qui renforce l'impact et l'efficacité de votre message.

Conclusion : En écrivant de manière claire et concise, vous rendez votre livre plus accessible et engageant pour le lecteur. En choisissant des mots et des phrases simples, en structurant votre contenu de manière logique, et en éliminant les ambiguïtés, vous pouvez communiquer efficacement vos idées et captiver l'attention de votre public, ce qui renforce l'impact et la portée de votre livre.

4. Utilisez des exemples et des anecdotes :

Intégrer des exemples concrets et des anecdotes pertinentes est une stratégie efficace pour rendre votre contenu plus vivant, mémorable et engageant pour les lecteurs. Voici une analyse détaillée de cette recommandation :

Illustration des points clés : Les exemples concrets et les anecdotes pertinentes permettent d'illustrer et de clarifier les concepts abordés dans votre livre. En fournissant des exemples pratiques, vous montrez à vos lecteurs comment appliquer les idées théoriques ou les conseils que vous proposez dans des situations réelles, ce qui facilite leur compréhension et leur assimilation.

Rendre le contenu plus vivant : Les exemples concrets ajoutent une dimension de réalisme à votre contenu, le rendant plus vivant et plus palpable pour les lecteurs. Au lieu de présenter uniquement des concepts abstraits, vous les ancrez dans des situations tangibles et concrètes, ce qui les rend plus accessibles et plus pertinents pour votre public.

Facilitation de l'identification : Les anecdotes pertinentes permettent aux lecteurs de s'identifier plus facilement aux idées que vous présentez dans votre livre. En partageant des histoires ou des expériences qui résonnent avec les expériences vécues de votre public, vous établissez une connexion émotionnelle qui renforce l'engagement et l'intérêt des lecteurs pour votre contenu.

Renforcement de l'engagement : Les exemples concrets et les anecdotes captivent l'attention des lecteurs et maintiennent leur intérêt tout au long de votre livre. En offrant des illustrations pratiques et des histoires captivantes, vous stimulez l'imagination et la curiosité de vos lecteurs, les incitant à s'investir davantage dans votre contenu et à poursuivre leur lecture avec enthousiasme.

Amélioration de la rétention : Les exemples concrets rendent votre contenu plus mémorable pour les lecteurs en leur fournissant des points de référence tangibles auxquels se rattacher. Les lecteurs sont plus susceptibles de se souvenir des idées et des concepts présentés dans votre livre s'ils sont illustrés par des exemples pratiques et des anecdotes évocatrices.

Conclusion : Intégrer des exemples concrets et des anecdotes pertinentes est une stratégie efficace pour rendre votre contenu plus vivant, mémorable et engageant pour les lecteurs. En fournissant des illustrations pratiques et des histoires captivantes, vous clarifiez vos idées, renforcez l'engagement de votre public et améliorez la rétention de votre contenu, ce qui contribue à faire de votre livre une lecture enrichissante et mémorable.

5. Évitez le jargon excessif :

Éviter l'utilisation d'un langage technique ou de termes spécialisés est essentiel pour rendre votre livre accessible à un large public de lecteurs. Voici une analyse détaillée de cette recommandation :

Accessibilité du langage : En choisissant un langage simple et accessible, vous facilitez la compréhension de votre livre pour un large éventail de lecteurs, y compris ceux qui pourraient ne pas être familiers avec les termes techniques ou spécialisés. Optez pour des mots courants et des phrases claires qui permettent à chacun de saisir facilement vos idées et votre message.

Adaptation au public cible : Tenez compte du niveau de compréhension de votre public cible lorsque vous rédigez votre livre. Si votre livre s'adresse à un public général, évitez les termes techniques ou les jargons spécifiques à un domaine particulier. Adaptez votre langage pour correspondre au niveau de connaissance et de familiarité de votre lectorat avec le sujet que vous abordez.

Simplification sans compromis sur la précision : Simplifiez votre langage autant que possible sans compromettre l'exactitude et la précision de vos propos. Assurez-vous que les concepts et les informations que vous présentez sont corrects et complets, mais exprimés de manière claire et accessible. Utilisez des exemples simples et des analogies pour clarifier les points complexes, sans perdre en précision ou en rigueur.

Maintien de l'engagement : Un langage simple et accessible maintient l'attention et l'intérêt des lecteurs en éliminant les obstacles à la compréhension. Les lecteurs sont plus susceptibles de s'engager avec votre livre s'ils se sentent à l'aise avec le langage utilisé et s'ils peuvent facilement suivre votre argumentation. Veillez à ce que votre langage soit fluide et naturel, ce qui encourage une lecture fluide et agréable.

Élargissement de l'audience potentielle : En rendant votre livre accessible à un large public de lecteurs, vous élargissez son potentiel d'audience et d'impact. Un langage simple et accessible attire un public plus diversifié et permet à votre livre d'atteindre un plus grand nombre de personnes. En rendant votre livre accessible à un large public, vous augmentez ses chances de succès et de diffusion.

Conclusion : Éviter l'utilisation d'un langage technique ou spécialisé dans votre livre est essentiel pour le rendre accessible et engageant pour un large public de lecteurs. En choisissant un langage simple et accessible, vous facilitez la compréhension et l'engagement des lecteurs, ce qui renforce l'impact et la portée de votre livre.

Importance de la correction professionnelle :

1. Correction des erreurs :

La correction professionnelle est une étape cruciale dans le processus de publication de votre livre, car elle garantit que votre texte est exempt d'erreurs grammaticales, orthographiques et typographiques. Voici une analyse détaillée de cette recommandation :

Qualité du contenu : La correction professionnelle vise à assurer la qualité et la cohérence du contenu de votre livre. Les correcteurs professionnels examinent attentivement chaque phrase et chaque paragraphe pour détecter et corriger les erreurs grammaticales, orthographiques et typographiques qui pourraient s'être glissées dans votre texte. Ils veillent également à ce que votre écriture soit claire, concise et cohérente, ce qui renforce l'impact et l'efficacité de votre message.

Image de professionnalisme : Un livre correctement corrigé donne l'impression d'avoir été produit avec soin et professionnalisme, ce qui renforce la crédibilité de votre œuvre aux yeux des lecteurs. Les fautes d'orthographe ou de grammaire peuvent distraire le lecteur et donner l'impression que votre livre est négligé ou mal préparé. En investissant dans une correction professionnelle, vous montrez aux lecteurs que vous accordez de l'importance à la qualité de votre travail et que vous êtes engagé à offrir une expérience de lecture de haute qualité.

Préservation de l'immersion : Les fautes d'orthographe ou de grammaire peuvent interrompre l'immersion du lecteur dans votre livre en le sortant de l'histoire ou de l'argumentation. Lorsque les lecteurs sont constamment arrêtés par des erreurs, cela nuit à leur expérience de lecture et peut les amener à perdre l'intérêt pour votre livre. Une correction professionnelle garantit que votre texte est fluide et sans accroc, ce qui permet aux lecteurs de rester pleinement engagés dans votre histoire ou votre contenu.

Confiance des lecteurs : Les lecteurs accordent plus facilement leur confiance à un livre qui est bien corrigé, car ils ont l'assurance que l'auteur a pris le temps et les efforts nécessaires pour présenter un texte propre et soigné. En éliminant les erreurs grammaticales et orthographiques, vous montrez aux lecteurs que vous êtes un professionnel sérieux et compétent, ce qui renforce leur confiance en votre expertise et en la qualité de votre livre.

Conclusion : La correction professionnelle est une étape essentielle dans le processus de publication de votre livre, car elle garantit la qualité et la crédibilité de votre œuvre aux yeux des lecteurs. En éliminant les erreurs grammaticales, orthographiques et typographiques, vous offrez une expérience de lecture fluide et agréable qui renforce l'engagement et la confiance des lecteurs dans votre livre.

2. Amélioration du style et de la clarté :

Faire appel à un correcteur professionnel peut grandement contribuer à améliorer le style et la clarté de votre écriture. Voici une analyse détaillée de cette recommandation :

Optimisation du style d'écriture : Les correcteurs professionnels possèdent une expertise approfondie dans le domaine de l'écriture et peuvent vous aider à affiner votre style pour le rendre plus efficace et engageant. Ils peuvent repérer les passages qui manquent de clarté, de concision ou de fluidité, et vous proposer des suggestions pour les améliorer. En ajustant votre style d'écriture, vous pouvez rendre votre prose plus captivante et plus accessible pour les lecteurs.

Identification des passages confus ou maladroits : Les correcteurs professionnels sont formés pour repérer les passages confus, ambigus ou maladroits dans votre écriture. Ils peuvent identifier les points faibles de votre texte et vous aider à les retravailler pour une meilleure compréhension et une plus grande fluidité. En clarifiant les idées et en améliorant la structure de vos phrases et de vos paragraphes, vous rendez votre écriture plus convaincante et persuasive.

Collaboration pour une amélioration globale : Travailler avec un correcteur professionnel est souvent une expérience collaborative, où vous pouvez discuter des points forts et des points faibles de votre écriture et explorer des solutions pour les améliorer. Les correcteurs peuvent vous fournir des commentaires constructifs et des conseils pratiques pour renforcer la qualité et l'impact de votre texte. Leur objectif est de vous aider à atteindre votre plein potentiel en tant qu'écrivain en vous offrant un soutien et un encadrement professionnels.

Amélioration de la compréhension et de la fluidité : En retravaillant les passages confus ou maladroits, vous améliorez la compréhension et la fluidité de votre écriture, ce qui rend votre livre plus accessible et agréable pour les lecteurs. Les lecteurs apprécient une prose claire et bien articulée qui les guide sans effort à travers le texte, ce qui renforce leur engagement et leur satisfaction globale avec votre livre.

Conclusion : Faire appel à un correcteur professionnel peut considérablement améliorer la qualité et l'impact de votre écriture en vous aidant à affiner votre style, à identifier les passages problématiques et à retravailler votre texte pour une meilleure compréhension et fluidité. Leur expertise et leur perspective extérieure peuvent faire la différence entre un livre ordinaire et un livre exceptionnel, ce qui en vaut souvent la peine pour les auteurs qui cherchent à offrir le meilleur à leur lectorat.

3. Optimisation de la structure et de l'organisation :

Faire appel à un correcteur professionnel peut être extrêmement bénéfique pour optimiser la structure et l'organisation de votre livre. Voici une analyse détaillée de cette recommandation :

Optimisation de la structure : Les correcteurs professionnels ont l'expérience nécessaire pour évaluer la structure globale de votre livre et identifier les points à améliorer. Ils peuvent vous fournir des conseils précieux sur la manière d'organiser vos chapitres de manière plus cohérente et logique, en veillant à ce que chaque section du livre contribue de manière significative à l'ensemble de l'œuvre.

Renforcement de la progression narrative : Un correcteur professionnel peut vous aider à renforcer la progression narrative de votre livre en s'assurant que l'intrigue se développe de manière fluide et captivante. Ils peuvent repérer les éventuels points faibles dans la narration et vous proposer des suggestions pour les renforcer, ce qui permet d'offrir une expérience de lecture plus immersive et engageante pour vos lecteurs.

Amélioration de la cohérence globale : Les correcteurs professionnels sont formés pour repérer les incohérences ou les contradictions dans votre texte et vous aider à les corriger. Ils veillent à ce que votre livre soit cohérent sur le plan du style, de la tonalité et de la terminologie utilisée, ce qui contribue à renforcer la crédibilité et l'impact de votre œuvre.

Conseils personnalisés : En travaillant avec un correcteur professionnel, vous bénéficiez de conseils personnalisés adaptés aux besoins spécifiques de votre livre. Ils peuvent vous fournir des suggestions pratiques et des recommandations sur mesure pour améliorer la structure et l'organisation de votre texte, ce qui vous permet de tirer le meilleur parti de votre travail et de le présenter sous son meilleur jour.

Amélioration de la qualité globale : En optimisant la structure et l'organisation de votre livre, vous améliorez sa qualité globale et sa lisibilité pour les lecteurs. Un livre bien structuré et bien organisé est plus facile à suivre et à comprendre, ce qui contribue à offrir une expérience de lecture plus satisfaisante et enrichissante pour votre lectorat.

Conclusion : Faire appel à un correcteur professionnel peut grandement contribuer à optimiser la structure et l'organisation de votre livre, en renforçant la progression narrative, en améliorant la cohérence globale et en fournissant des conseils personnalisés pour maximiser l'impact de votre œuvre. Leur expertise et leur perspective extérieure peuvent faire la différence entre un livre ordinaire et un livre exceptionnel, ce qui en vaut souvent la peine pour les auteurs soucieux de fournir le meilleur à leur lectorat.

4. Assurance qualité :

La correction professionnelle joue un rôle essentiel dans l'assurance de la qualité globale de votre livre. Voici une analyse détaillée de ce paragraphe :

Garantie de qualité : La correction professionnelle est une étape cruciale pour garantir que votre livre atteint les plus hauts standards de qualité. Les correcteurs professionnels examinent votre texte avec une attention méticuleuse pour détecter et corriger les erreurs grammaticales, orthographiques et typographiques qui pourraient compromettre la clarté et la lisibilité de votre écriture. Leur expertise garantit que votre livre est exempt de défauts et présente un niveau de professionnalisme optimal.

Polissage de l'œuvre : La correction professionnelle contribue à polir votre œuvre, en veillant à ce qu'elle soit présentée de manière soignée et cohérente. Les correcteurs professionnels peuvent repérer les imperfections et les incohérences dans votre texte et les corriger pour garantir une lecture fluide et agréable. Ils s'assurent également que votre écriture est uniforme dans son style et sa tonalité, ce qui renforce l'impact global de votre livre.

Préparation pour la publication : Une fois que votre livre a été soumis à une correction professionnelle, il est prêt à être présenté aux lecteurs avec confiance. La correction professionnelle garantit que votre livre est prêt pour la publication et qu'il répond aux normes de qualité les plus élevées. Cela vous permet de vous concentrer sur la promotion et la commercialisation de votre livre en sachant qu'il a été soigneusement examiné et préparé pour le marché.

Différence entre un livre ordinaire et un livre exceptionnel : Une correction de qualité peut faire toute la différence entre un livre moyen et un livre exceptionnel. Un livre bien corrigé captive et fidélise les lecteurs en offrant une expérience de lecture sans accroc et en leur permettant de se plonger pleinement dans l'histoire ou le contenu. Les lecteurs apprécient un livre qui est poli, professionnel et exempt d'erreurs, ce qui renforce leur satisfaction et leur fidélité à l'auteur.

Conclusion : En fin de compte, la correction professionnelle est essentielle pour assurer la qualité globale de votre livre. Elle garantit que votre œuvre est polie, professionnelle et prête à être présentée aux lecteurs avec confiance. Une édition de qualité peut faire la différence entre un livre moyen et un livre exceptionnel qui captive et fidélise les lecteurs, ce qui en fait un investissement précieux pour tout auteur soucieux de fournir le meilleur à son lectorat.

La rédaction et l'édition de votre livre sont des étapes cruciales dans le processus de publication. En suivant ces conseils et en investissant dans une édition professionnelle, vous pouvez créer un contenu de qualité supérieure qui attire les lecteurs, suscite l'intérêt et renforce votre réputation en tant qu'auteur.

2.3 Création de couvertures attrayantes

La création d'une couverture de livre attrayante et professionnelle est essentielle pour capter l'attention des lecteurs et susciter leur intérêt. Dans cette section, nous explorerons les techniques pour concevoir des couvertures de livre accrocheuses et professionnelles, ainsi que les outils et ressources disponibles pour créer des couvertures de qualité.
Techniques pour concevoir des couvertures de livre accrocheuses :

1. **Comprendre votre marché cible :**

Compréhension du marché cible : Avant de commencer à concevoir votre couverture de livre, il est crucial de comprendre votre marché cible et les attentes de votre public. Cela implique d'analyser les préférences esthétiques, les tendances et les normes de conception qui prévalent dans votre genre littéraire spécifique. En comprenant les attentes de votre public, vous pourrez concevoir une couverture qui attire leur attention et suscite leur intérêt dès le premier regard.

Analyse des tendances et des éléments visuels : Une étape importante dans la conception de votre couverture est d'analyser les couvertures de livres dans votre genre pour repérer les tendances et les éléments visuels qui captent l'attention. Cela comprend l'examen des couleurs, des styles de police, des images et des mises en page utilisées dans les couvertures des best-sellers et des livres populaires de votre niche. Cette analyse vous permettra d'identifier les éléments qui fonctionnent bien et ceux qui ne fonctionnent pas, ainsi que les aspects visuels qui peuvent différencier votre livre sur le marché.

Identification des meilleures pratiques : En examinant les couvertures des livres les mieux vendus dans votre niche, vous pouvez identifier les meilleures pratiques de conception et les éléments qui ont fait leurs preuves pour attirer les lecteurs. Cela peut inclure des éléments tels que des images percutantes, des titres accrocheurs, des styles de police élégants et des couleurs attractives. En comprenant ce qui fonctionne bien chez les concurrents, vous pouvez adapter ces stratégies à votre propre couverture pour maximiser son attrait.

Distinction et originalité : En plus d'identifier les tendances et les meilleures pratiques de conception, il est également important de rechercher des moyens de vous démarquer de la concurrence. Cherchez des éléments uniques ou des angles originaux que vous pouvez intégrer à votre couverture pour la rendre mémorable et distinctive. Cela pourrait être une image évocatrice, un titre créatif ou une combinaison de couleurs inhabituelle qui attire l'attention des lecteurs et les incite à en savoir plus sur votre livre.

Conclusion : Avant de concevoir votre couverture de livre, il est essentiel de comprendre votre marché cible et les attentes de votre public. Cela implique d'analyser les tendances et les meilleures pratiques de conception dans votre niche, ainsi que de rechercher des moyens de vous démarquer de la concurrence. En comprenant ce qui fonctionne bien chez les autres et en intégrant des éléments originaux à votre propre couverture, vous pouvez créer une conception attrayante et mémorable qui attire l'attention des lecteurs et les incite à explorer davantage votre livre.

2. Choisir des images et des graphiques pertinents :

Sélection d'images représentatives : Lorsque vous choisissez des images et des graphiques pour votre livre, il est essentiel de sélectionner des éléments qui représentent fidèlement le contenu de votre ouvrage. Les images doivent refléter le sujet ou le thème de votre livre et capturer l'essence de ce que vous essayez de communiquer. Cela garantira que vos lecteurs ont une première impression précise de ce à quoi s'attendre lorsqu'ils parcourent votre livre.

Qualité et résolution élevées : Les images sélectionnées doivent être de haute qualité et en haute résolution pour garantir une apparence professionnelle dans votre livre. Des images floues, pixellisées ou de mauvaise qualité peuvent nuire à la crédibilité de votre œuvre et donner une impression peu soignée aux lecteurs. En optant pour des images nettes et claires, vous garantissez une expérience visuelle optimale pour vos lecteurs.

Correspondance avec le ton et le style : Il est important que les éléments visuels que vous choisissez correspondent au ton et au style de votre livre. Si votre livre a un ton sérieux et académique, vous voudrez peut-être utiliser des graphiques professionnels et des images sobres. En revanche, si votre livre est plus léger ou créatif, vous pourriez opter pour des images plus ludiques ou des graphiques colorés. L'harmonie entre le contenu écrit et les éléments visuels contribuera à renforcer la cohérence et l'attrait global de votre livre.

Conformité avec les droits d'auteur : Assurez-vous que les images que vous utilisez sont libres de droits d'auteur ou que vous disposez des autorisations nécessaires pour les utiliser dans votre livre. Utiliser des images sans autorisation peut entraîner des problèmes légaux et compromettre la publication et la distribution de votre livre. De nombreuses banques d'images en ligne proposent des images gratuites ou sous licence pour un usage commercial, ce qui peut être une excellente ressource pour trouver des éléments visuels adaptés à vos besoins.

Conclusion : En sélectionnant des images et des graphiques pour votre livre, veillez à choisir des éléments qui représentent fidèlement le contenu de votre ouvrage, qui sont de haute qualité et en haute résolution, et qui correspondent au ton et au style de votre livre. En respectant ces directives, vous pouvez créer une présentation visuelle attrayante et professionnelle qui enrichit l'expérience de lecture de vos lecteurs et renforce l'impact global de votre livre.

3. Soyez attentif à la typographie :

Choix des polices de caractères : La typographie joue un rôle crucial dans la conception de la couverture de votre livre. Il est essentiel de choisir des polices de caractères qui sont à la fois lisibles et attrayantes. Optez pour des polices qui reflètent le ton et le style de votre livre. Par exemple, si votre livre est formel ou académique, vous pouvez choisir des polices classiques et traditionnelles. En revanche, si votre livre est moderne ou créatif, vous pouvez opter pour des polices plus audacieuses et contemporaines.

Visibilité du titre : Assurez-vous que le titre de votre livre est clairement visible, même à petite taille. Le titre est l'élément le plus important de votre couverture et doit être mis en évidence de manière à attirer immédiatement l'attention des lecteurs. Choisissez une police de caractères pour le titre qui est à la fois percutante et facile à lire, même lorsque la couverture est réduite sur les pages de vente en ligne.

Utilisation d'effets de texte : Vous pouvez utiliser des effets de texte pour rendre votre titre encore plus accrocheur et attrayant. Cela peut inclure l'utilisation de la couleur, de l'ombre portée, du relief ou d'autres effets visuels pour mettre en valeur le titre et lui donner plus de profondeur et de dimension. Cependant, assurez-vous de ne pas surcharger la couverture avec trop d'effets, ce qui pourrait rendre le titre difficile à lire ou distraire l'attention des lecteurs.

Cohérence et harmonie : Assurez-vous que les polices de caractères que vous choisissez s'harmonisent bien ensemble et avec le reste de la conception de la couverture. La cohérence dans le choix des polices contribue à une esthétique globale plus professionnelle et attrayante. Évitez les combinaisons de polices trop disparates qui pourraient donner une impression de désordre ou de manque d'unité dans la conception.

Testez et ajustez : Avant de finaliser la conception de votre couverture, testez différentes options de typographie pour voir ce qui fonctionne le mieux. Demandez des avis à des amis, à des collègues ou à d'autres auteurs pour obtenir des retours d'expérience et des suggestions. Soyez prêt à ajuster et à peaufiner votre conception en fonction des commentaires que vous recevez, afin de créer une couverture qui soit à la fois esthétique et efficace pour attirer les lecteurs.

Conclusion : La typographie est un élément essentiel de la conception de couverture de votre livre. En choisissant des polices de caractères lisibles, attrayantes et cohérentes, en veillant à la visibilité claire du titre et en utilisant des effets de texte avec parcimonie, vous pouvez créer une couverture qui attire l'attention des lecteurs et qui reflète efficacement le ton et le contenu de votre livre.

4. Utiliser des couleurs impactantes :

Importance des couleurs : Les couleurs jouent un rôle crucial dans la perception et l'attrait visuel de votre livre. Elles peuvent transmettre des émotions, évoquer des ambiances et renforcer le message que vous souhaitez communiquer. Le choix des couleurs pour la couverture de votre livre est donc une décision importante qui mérite une attention particulière.

Correspondance avec le sujet : Lorsque vous choisissez des couleurs pour la couverture de votre livre, assurez-vous qu'elles correspondent au sujet et au contenu de votre ouvrage. Par exemple, si votre livre traite de la nature, vous pouvez opter pour des tons de vert et de marron qui évoquent la terre et la végétation. Si votre livre est romantique, vous pourriez choisir des couleurs douces et chaleureuses comme le rose ou le bleu clair.

Attrait visuel : Les couleurs doivent également attirer l'œil et susciter l'intérêt des lecteurs. Optez pour des couleurs vives et accrocheuses qui se démarquent et captent l'attention. Cependant, évitez les couleurs trop criardes ou discordantes qui pourraient distraire le lecteur ou nuire à l'harmonie de la conception de la couverture.

Harmonie et professionnalisme : Pour une couverture de livre réussie, il est essentiel de choisir des combinaisons de couleurs harmonieuses et professionnelles. Associez des couleurs qui se complètent et s'harmonisent bien ensemble pour créer une esthétique globale équilibrée et attrayante. Les combinaisons de couleurs classiques comme le noir et le blanc, le bleu et le gris, ou le rouge et le doré sont souvent utilisées pour leur effet professionnel et intemporel.

Testez et ajustez : Avant de finaliser votre choix de couleurs, testez différentes options pour voir ce qui fonctionne le mieux. Tenez compte de la réaction émotionnelle que chaque couleur suscite chez les lecteurs et ajustez votre sélection en conséquence. Demandez des avis à des amis, à des collègues ou à d'autres auteurs pour obtenir des retours d'expérience et des suggestions.

Conclusion : Le choix des couleurs pour la couverture de votre livre est une décision importante qui peut avoir un impact significatif sur sa perception et son attrait visuel. En choisissant des couleurs qui correspondent au sujet de votre livre, qui attirent l'œil, qui sont harmonieuses et professionnelles, vous pouvez créer une couverture qui séduit les lecteurs et reflète efficacement le contenu et le style de votre ouvrage.

5. Créez une mise en page équilibrée :

Équilibre et organisation : Lorsque vous concevez la disposition de votre couverture, assurez-vous qu'elle est équilibrée et bien organisée. Cela signifie que les différents éléments de la couverture, tels que le titre, l'auteur, les images et les graphiques, sont disposés de manière à créer une composition visuellement agréable et harmonieuse. Évitez les designs surchargés ou désordonnés qui peuvent rendre la couverture confuse ou difficile à lire.

Simplicité et clarté : La simplicité est souvent la clé d'une couverture réussie. Évitez de surcharger la couverture avec trop d'informations ou d'éléments visuels. Concentrez-vous sur les éléments essentiels qui captent l'attention et communiquent clairement le sujet et le ton de votre livre. Un design épuré et minimaliste peut souvent être plus efficace pour attirer l'œil du lecteur.

Utilisation des espaces négatifs : Les espaces négatifs, également connus sous le nom de "respiration" dans la conception graphique, sont les zones vides ou non utilisées de la couverture. Utilisez ces espaces judicieusement pour mettre en valeur les éléments clés de la couverture et pour créer un équilibre visuel. Les espaces négatifs aident à diriger le regard du lecteur vers les points focaux de la couverture et à rendre le design global plus lisible et plus attrayant.

Hiérarchie visuelle : Assurez-vous qu'il y a une hiérarchie visuelle claire sur votre couverture, où les éléments les plus importants sont mis en évidence de manière à attirer immédiatement l'attention du lecteur. Par exemple, le titre du livre et le nom de l'auteur devraient être plus grands et plus visibles que les autres éléments de la couverture. Utilisez la taille, la couleur, la police et la mise en page pour créer cette hiérarchie et guider le regard du lecteur à travers la couverture de manière logique et naturelle.

Testez et ajustez : Comme pour tous les aspects de la conception de votre couverture, testez différentes options de disposition pour voir ce qui fonctionne le mieux. Demandez des avis à des amis, à des collègues ou à d'autres auteurs pour obtenir des retours d'expérience et des suggestions. Soyez prêt à ajuster et à peaufiner votre conception en fonction des commentaires que vous recevez, afin de créer une couverture équilibrée, bien organisée et attrayante.

Conclusion : Une disposition équilibrée et bien organisée est essentielle pour une couverture de livre réussie. En évitant les designs surchargés, en utilisant judicieusement les espaces négatifs et en créant une hiérarchie visuelle claire, vous pouvez créer une couverture qui attire l'œil du lecteur et communique efficacement le sujet et le ton de votre livre.

Outils et ressources pour créer des couvertures de livre de qualité :

1. **Canva :**

Canva est un outil de conception graphique en ligne largement utilisé qui offre une multitude de fonctionnalités pour la création de divers types de designs, y compris les couvertures de livres. Il est apprécié pour sa simplicité d'utilisation, sa polyvalence et sa bibliothèque étendue de ressources visuelles.

Modèles prédéfinis : Canva propose une large gamme de modèles de couvertures de livre prédéfinis, ce qui facilite grandement le processus de conception. Ces modèles sont conçus par des professionnels et sont adaptés à différents genres et styles de livres, ce qui permet aux utilisateurs de choisir celui qui correspond le mieux à leur vision et à leur esthétique.

Interface conviviale et intuitive : L'interface de Canva est réputée pour sa convivialité et son intuitivité. Même les utilisateurs novices peuvent rapidement prendre en main l'outil et commencer à créer des designs de qualité professionnelle grâce à une gamme d'outils simples et accessibles.

Bibliothèque d'images, de graphiques et de polices : Canva met à disposition une vaste bibliothèque d'images, de graphiques et de polices de caractères qui peuvent être utilisés pour personnaliser les designs de couverture de livre. Cette bibliothèque comprend des millions d'éléments visuels de haute qualité, ce qui offre aux utilisateurs une grande variété d'options pour créer des designs uniques et attrayants.

Personnalisation : Les utilisateurs de Canva peuvent facilement personnaliser les modèles de couvertures de livre en modifiant les images, les couleurs, les textes et d'autres éléments selon leurs besoins et leurs préférences. Cela permet de créer des designs uniques et originaux qui correspondent parfaitement à la vision de l'auteur.

Accessibilité : Canva est accessible via un navigateur web, ce qui signifie qu'il peut être utilisé sur différents appareils, y compris les ordinateurs de bureau, les ordinateurs portables, les tablettes et les smartphones. Cela permet aux utilisateurs de travailler sur leurs designs où qu'ils soient, tant qu'ils disposent d'une connexion Internet.

Conclusion : Canva est un outil de conception graphique en ligne populaire et accessible qui offre une multitude d'options pour la création de couvertures de livre attrayantes. Grâce à ses modèles prédéfinis, son interface conviviale et sa bibliothèque étendue de ressources visuelles, il est largement utilisé par les auteurs indépendants et les éditeurs pour créer des designs de qualité professionnelle en toute simplicité.

2. Adobe Photoshop :

Adobe Photoshop est l'un des logiciels de retouche photo les plus populaires et les plus utilisés dans le monde, largement reconnu pour ses fonctionnalités avancées et sa puissance en matière de conception graphique. Il est souvent utilisé par les professionnels de la création pour des projets variés, y compris la conception de couvertures de livres.

Fonctionnalités avancées : Photoshop offre une gamme étendue de fonctionnalités avancées qui permettent de réaliser pratiquement n'importe quel type de conception graphique, y compris les couvertures de livres. Parmi ces fonctionnalités, on trouve des outils de retouche photo précis, des effets spéciaux, des calques de texte et d'images, ainsi que des options de manipulation d'images en 3D.

Flexibilité et contrôle : L'un des principaux avantages de Photoshop est sa flexibilité et son contrôle complets sur le processus de conception. Les utilisateurs peuvent créer des designs entièrement personnalisés en manipulant chaque élément de la couverture de manière précise et détaillée. Cela permet d'obtenir des résultats hautement personnalisés et uniques.

Courbe d'apprentissage : Il est important de noter que Photoshop présente une courbe d'apprentissage plus prononcée par rapport à d'autres outils de conception graphique. En raison de sa richesse en fonctionnalités et de sa complexité, il peut nécessiter un investissement de temps pour maîtriser pleinement ses capacités. Cependant, une fois que l'utilisateur acquiert les compétences nécessaires, il bénéficiera d'un niveau de contrôle et de qualité de conception inégalé.

Support et ressources : En raison de sa popularité, Photoshop bénéficie d'un large éventail de tutoriels, de guides et de ressources en ligne pour aider les utilisateurs à apprendre et à améliorer leurs compétences. De plus, Adobe propose régulièrement des mises à jour et des formations pour aider les utilisateurs à tirer le meilleur parti du logiciel.

Conclusion : Adobe Photoshop est un logiciel puissant et polyvalent pour la conception de couvertures de livres, offrant une gamme étendue de fonctionnalités avancées et un contrôle complet sur le processus de conception. Bien qu'il nécessite une certaine courbe d'apprentissage, il offre aux utilisateurs la possibilité de créer des designs hautement personnalisés et professionnels une fois qu'ils maîtrisent ses capacités.

3. Adobe Spark :

Adobe Spark : Adobe Spark est une plateforme en ligne proposée par Adobe, connue pour ses outils de création de contenu visuel, y compris des modèles de couvertures de livre. Modèles personnalisables : Adobe Spark offre une sélection de modèles de couvertures de livre prédéfinis et personnalisables. Ces modèles sont conçus par des professionnels et sont adaptés à une variété de genres et de styles de livres. Les utilisateurs peuvent choisir parmi une gamme de mises en page, de polices, de couleurs et d'images pour personnaliser leur couverture selon leurs besoins et leurs préférences.

Idéal pour les débutants : Adobe Spark est particulièrement adapté aux auteurs débutants ou à ceux qui recherchent une solution rapide et facile pour créer des couvertures de qualité professionnelle. Son interface conviviale et intuitive rend le processus de conception accessible à tous, même aux utilisateurs novices en conception graphique.

Rapidité et facilité : Avec Adobe Spark, les utilisateurs peuvent créer des couvertures attrayantes en quelques étapes simples. Le processus de conception est rapide et intuitif, ce qui permet aux auteurs de se concentrer sur le contenu de leur livre plutôt que sur les aspects techniques de la conception de la couverture.

Polyvalence : Bien qu'Adobe Spark soit idéal pour la création de couvertures de livre, il peut également être utilisé pour une variété d'autres projets de conception graphique, tels que la création de publications sur les réseaux sociaux, de présentations, de cartes et plus encore. Cela en fait un outil polyvalent pour les auteurs et les créateurs de contenu.

Conclusion : Adobe Spark est un outil pratique et polyvalent pour la création de couvertures de livre, offrant des modèles personnalisables, une facilité d'utilisation et une rapidité de conception. Que vous soyez débutant ou que vous recherchiez simplement une solution rapide et efficace, Adobe Spark peut vous aider à créer des couvertures de qualité professionnelle pour vos livres.

4. Fiverr :

Fiverr est une plateforme en ligne qui met en relation les entrepreneurs, y compris les auteurs, avec des freelances offrant une variété de services, y compris la conception graphique.

Designers graphiques professionnels : Sur Fiverr, vous pouvez trouver une communauté de designers graphiques professionnels offrant leurs services pour créer des couvertures de livres personnalisées. Ces designers ont souvent une expérience et une expertise dans la conception de couvertures de livres pour différents genres et styles.

Personnalisation selon vos spécifications : En engageant un designer sur Fiverr, vous avez la possibilité de définir vos spécifications et vos préférences pour la couverture de votre livre. Vous pouvez fournir des indications détaillées sur le style, les couleurs, les images et d'autres éléments que vous souhaitez inclure dans votre couverture.

Adapté à votre budget : Fiverr propose une gamme de vendeurs offrant des services à différents prix, ce qui signifie que vous pouvez trouver un designer qui correspond à votre budget. Les tarifs peuvent varier en fonction de la complexité de la conception, de l'expérience du designer et d'autres facteurs.

Processus transparent : Fiverr offre un processus transparent pour engager et travailler avec des designers. Vous pouvez consulter les profils des vendeurs, lire les avis des clients précédents et discuter directement avec les designers pour clarifier vos besoins avant de passer commande.

Sécurité et protection : Fiverr offre des mesures de sécurité et de protection pour les acheteurs, y compris des options de paiement sécurisées et la possibilité de demander des révisions ou des remboursements en cas de problème avec la prestation de service.

Conclusion : Fiverr est une plateforme pratique et fiable pour engager des designers graphiques professionnels et créer des couvertures de livres personnalisées selon vos spécifications et votre budget. Que vous recherchiez une conception simple ou complexe, vous pouvez trouver un designer sur Fiverr pour répondre à vos besoins de conception de couverture de livre.

En conclusion, la création d'une couverture de livre attrayante et professionnelle est essentielle pour attirer les lecteurs et maximiser les ventes de votre livre. En suivant ces techniques et en utilisant les outils et ressources disponibles, vous pouvez créer une couverture de qualité qui met en valeur votre travail et suscite l'intérêt des lecteurs.

Module 3 : Publication et Optimisation sur Amazon

Objectif : Apprendre à publier votre livre sur Amazon KDP et à l'optimiser pour maximiser ses performances.

3.1 Création d'un compte KDP

La création d'un compte sur Amazon KDP est la première étape essentielle pour publier votre livre sur la plateforme. Dans cette section, nous vous guiderons à travers les instructions étape par étape pour créer un compte KDP, ainsi que la configuration des paramètres de compte et de paiement.

Instructions étape par étape pour créer un compte KDP :

1. **Accès à la page d'inscription :**

Site web d'Amazon KDP : Le site web d'Amazon KDP (Kindle Direct Publishing) est la plateforme en ligne fournie par Amazon pour les auteurs indépendants afin de publier et de distribuer leurs livres numériques et imprimés.

Adresse du site web : L'adresse du site web d'Amazon KDP est kdp.amazon.com. C'est à cette adresse que les auteurs peuvent accéder à leur compte KDP et gérer leurs livres.

Processus d'inscription : Pour commencer à utiliser Amazon KDP, les auteurs doivent s'inscrire sur la plateforme. Pour ce faire, ils doivent se rendre sur le site web à l'adresse indiquée et chercher le bouton "Inscrivez-vous" ou "Commencer" pour démarrer le processus d'inscription.

Bouton d'inscription : Sur la page d'accueil du site web d'Amazon KDP, les auteurs peuvent trouver un bouton clairement indiqué pour s'inscrire à la plateforme. Ce bouton peut être intitulé "Inscrivez-vous" ou "Commencer", en fonction de la version de la page d'accueil.

Démarrer le processus d'inscription : En cliquant sur ce bouton, les auteurs seront dirigés vers une page où ils peuvent commencer le processus d'inscription en fournissant les informations nécessaires, telles que leur nom, leur adresse e-mail et d'autres détails pertinents.

Création d'un compte : Une fois que les auteurs ont rempli les informations requises et accepté les termes et conditions, ils peuvent créer leur compte sur Amazon KDP. Ce compte leur permettra de publier et de gérer leurs livres sur la plateforme.

Conclusion : Pour commencer à utiliser Amazon KDP, les auteurs doivent d'abord s'inscrire sur la plateforme en visitant le site web à l'adresse kdp.amazon.com et en cliquant sur le bouton "Inscrivez-vous" ou "Commencer" pour démarrer le processus d'inscription.

2. Connexion à votre compte Amazon :

Si vous possédez déjà un compte Amazon, connectez-vous avec vos identifiants de connexion existants. Sinon, créez un nouveau compte en remplissant les informations nécessaires telles que votre nom, votre adresse e-mail et un mot de passe sécurisé.

3. Vérification de l'adresse e-mail :

Après avoir rempli le formulaire d'inscription, Amazon vous enverra un e-mail de vérification à l'adresse e-mail que vous avez fourni. Cliquez sur le lien de vérification dans le courriel pour confirmer votre adresse e-mail et finaliser la création de votre compte.

4. Acceptation des conditions de service :

Une fois votre adresse e-mail vérifiée, vous serez redirigé vers la page des conditions de service d'Amazon KDP. Lisez attentivement les conditions et cliquez sur le bouton "Accepter et continuer" pour continuer le processus d'inscription.

5. Remplissage des informations du compte :

Sur la page suivante, vous devrez fournir des informations supplémentaires telles que vos coordonnées, votre adresse de paiement et vos informations fiscales. Assurez-vous de remplir toutes les informations avec précision pour éviter tout retard dans le traitement des paiements.

6. Configuration du tableau de bord KDP :

Une fois votre compte créé, vous serez redirigé vers votre tableau de bord KDP. Prenez le temps de parcourir les différentes sections de votre tableau de bord pour vous familiariser avec les fonctionnalités et les outils disponibles.

7. Paramètres de paiement :

Pour configurer vos paramètres de paiement, accédez à la section "Paiements" de votre tableau de bord KDP. Vous devrez fournir des informations sur votre mode de paiement préféré ainsi que sur les détails de votre compte bancaire pour recevoir vos paiements de redevances.

En suivant ces instructions étape par étape, vous pourrez créer avec succès un compte sur Amazon KDP et être prêt à publier votre livre sur la plateforme. Assurez-vous de fournir des informations précises et complètes lors de la création de votre compte pour éviter tout problème futur.

3.2 Configuration de votre livre sur KDP

Une fois votre compte Amazon KDP créé, la prochaine étape consiste à configurer votre livre sur la plateforme. Dans cette section, nous aborderons l'ajout de métadonnées telles que le titre, la description et les mots-clés, ainsi que la sélection des catégories pertinentes pour votre livre.

Ajout de métadonnées :

1. **Titre du livre :** Choisissez un titre accrocheur et mémorable pour votre livre. Le titre doit être descriptif et refléter le contenu de votre livre tout en attirant l'attention des lecteurs potentiels.

2. **Description du livre :** Rédigez une description engageante et informative de votre livre. Utilisez cet espace pour présenter le contenu de votre livre, mettre en valeur ses points forts et inciter les lecteurs à l'acheter. Veillez à inclure des éléments persuasifs tels que des témoignages, des citations ou des anecdotes pour captiver l'intérêt des lecteurs.

Mots-clés : Sélectionnez des mots-clés pertinents et populaires qui décrivent le sujet ou le thème de votre livre. Les mots-clés aident les lecteurs à trouver votre livre lorsqu'ils effectuent des recherches sur Amazon, donc choisissez des termes qui sont susceptibles d'être recherchés par votre public cible.

Sélection des catégories :

1.Recherche de catégories : Explorez les différentes catégories de livres disponibles sur Amazon pour trouver celles qui sont les plus pertinentes pour votre livre. Vous pouvez parcourir les catégories existantes et examiner les livres similaires au vôtre pour identifier les catégories les plus appropriées.

2. Sélection des catégories principales : Choisissez une ou deux catégories principales qui décrivent le sujet principal de votre livre. Sélectionnez des catégories qui sont pertinentes et populaires auprès de votre public cible pour maximiser la visibilité de votre livre.

3. Ajout de sous-catégories : En plus des catégories principales, vous pouvez également sélectionner des sous-catégories pour affiner davantage la classification de votre livre. Choisissez des sous-catégories qui complètent le sujet principal de votre livre et qui pourraient intéresser des segments spécifiques de votre public cible.

En configurant soigneusement les métadonnées de votre livre, y compris le titre, la description, les mots-clés et les catégories, vous augmentez les chances que votre livre soit découvert par les lecteurs sur Amazon. Prenez le temps de choisir avec soin ces éléments pour maximiser la visibilité et les ventes de votre livre sur la plateforme.

3.3 Optimisation de votre page de vente

Une fois votre livre configuré sur Amazon KDP, il est crucial d'optimiser votre page de vente pour attirer les lecteurs et maximiser les ventes. Dans cette section, nous allons explorer les techniques pour rédiger une description de livre convaincante et l'utilisation des mots-clés pour améliorer la visibilité de votre livre sur Amazon.

Techniques pour rédiger une description de livre convaincante :

1. Identifiez les points forts de votre livre : Mettez en avant les points forts de votre livre dans la description. Qu'il s'agisse d'un contenu unique, d'une approche innovante ou d'une expertise particulière, assurez-vous de les mettre en évidence pour convaincre les lecteurs de l'intérêt de votre livre.

2. Utilisez un langage persuasif : Utilisez un langage persuasif et captivant pour susciter l'intérêt des lecteurs. Utilisez des mots puissants et des phrases accrocheuses pour captiver leur attention dès les premières lignes de la description.

3. Racontez une histoire : Utilisez la description pour raconter une histoire qui intrigue les lecteurs et les incite à en savoir plus sur votre livre. Utilisez des anecdotes, des exemples concrets et des témoignages pour illustrer l'impact de votre livre et captiver l'imagination des lecteurs.

4. Incluez des éléments de preuve sociale : Intégrez des éléments de preuve sociale tels que des témoignages de lecteurs satisfaits, des critiques élogieuses ou des citations d'experts pour renforcer la crédibilité de votre livre et rassurer les lecteurs sur sa qualité.

5. Appelez à l'action : Terminez votre description par un appel à l'action clair et convaincant pour inciter les lecteurs à acheter votre livre. Utilisez des phrases incitatives telles que "Achetez maintenant" ou "Découvrez le livre qui va changer votre vie" pour encourager les lecteurs à passer à l'action.

Utilisation des mots-clés pour améliorer la visibilité de votre livre sur Amazon :

1. Recherche de mots-clés pertinents : Effectuez une recherche approfondie des mots-clés pertinents pour votre livre. Utilisez des outils de recherche de mots-clés tels que Google Keyword Planner ou MerchantWords pour identifier les termes les plus recherchés par votre public cible.

2. Intégration des mots-clés dans la description : Intégrez judicieusement les mots-clés dans la description de votre livre pour améliorer sa visibilité dans les résultats de recherche d'Amazon. Assurez-vous que les mots-clés sont naturellement intégrés dans le texte et ne semblent pas forcés ou artificiels.

3. Utilisation des mots-clés dans les champs de métadonnées : Utilisez également les mots-clés dans les champs de métadonnées de votre livre, tels que le titre, les sous-titres et les balises de mots-clés. Cela aidera Amazon à indexer votre livre de manière appropriée et à le présenter aux lecteurs qui effectuent des recherches pertinentes.

4. Testez et ajustez : Surveillez les performances de votre livre en utilisant des outils d'analyse disponibles sur Amazon KDP. Si vous constatez que certains mots-clés génèrent plus de trafic ou de ventes que d'autres, ajustez votre stratégie en conséquence pour maximiser les résultats.

En optimisant votre page de vente avec une description de livre convaincante et l'utilisation stratégique des mots-clés, vous pouvez améliorer la visibilité et les performances de votre livre sur Amazon. Prenez le temps de peaufiner ces éléments pour augmenter les chances de succès de votre livre sur la plateforme.

Module 4 : Promotion et Marketing

Objectif : Apprendre à promouvoir votre livre et à attirer des lecteurs sur Amazon.

4.1 Élaboration d'un plan de marketing

Pour maximiser la visibilité de votre livre et attirer des lecteurs sur Amazon, il est essentiel de développer un plan de marketing solide. Dans cette section, nous aborderons l'identification des canaux de promotion efficaces pour votre livre et la planification d'activités de marketing telles que les promotions, les annonces et les partenariats.

Identification des canaux de promotion efficaces :

1. **Marketing sur les réseaux sociaux :**

Plateformes de médias sociaux : Les plateformes de médias sociaux telles que Facebook, Instagram, Twitter et LinkedIn sont des canaux de communication en ligne permettant aux individus et aux entreprises de partager du contenu, d'interagir avec leur public et de promouvoir des produits ou des services.

Promotion de votre livre : Les auteurs peuvent utiliser ces plateformes pour promouvoir leur livre en créant du contenu attrayant et en interagissant avec leur public. Cela peut inclure des publications sur le processus d'écriture, des extraits de livre, des critiques, des événements de lancement, des entrevues d'auteurs et bien plus encore.

Publications attrayantes : Les auteurs doivent créer des publications attrayantes qui suscitent l'intérêt et l'engagement de leur public. Cela peut inclure des images, des vidéos, des citations inspirantes, des témoignages de lecteurs et d'autres types de contenu visuellement attrayants.

Annonces ciblées : Les plateformes de médias sociaux offrent également des options de publicité payante permettant aux auteurs de cibler spécifiquement leur public idéal en fonction de critères tels que l'âge, le sexe, les centres d'intérêt et la localisation géographique. Les annonces peuvent être utilisées pour promouvoir le livre directement aux personnes les plus susceptibles d'être intéressées.

Interagissez avec votre public : L'interaction avec le public est essentielle sur les médias sociaux. Les auteurs doivent répondre aux commentaires, aux messages et aux mentions, poser des questions, encourager les discussions et créer un sentiment de communauté autour de leur livre.

Générer de l'engagement : L'objectif principal de la promotion sur les médias sociaux est de générer de l'engagement, c'est-à-dire d'inciter les utilisateurs à aimer, commenter, partager et interagir avec le contenu. Un engagement élevé contribue à accroître la visibilité du livre et à attirer de nouveaux lecteurs.

Attirer des lecteurs vers votre livre sur Amazon : En utilisant les médias sociaux de manière stratégique, les auteurs peuvent diriger leur public vers la page de leur livre sur Amazon, où ils peuvent en apprendre davantage et effectuer un achat. Les liens vers la page de vente du livre sur Amazon doivent être inclus dans les publications et les annonces pour faciliter le processus d'achat.

Conclusion : Les plateformes de médias sociaux offrent aux auteurs un moyen efficace de promouvoir leur livre, d'interagir avec leur public et d'attirer des lecteurs vers leur livre sur Amazon. En utilisant ces plateformes de manière stratégique, les auteurs peuvent augmenter la visibilité de leur livre et stimuler les ventes.

1. Marketing par e-mail :

Utilisation de votre liste de diffusion : Votre liste de diffusion est un atout précieux pour la promotion de votre livre. C'est une base de données d'adresses e-mail que vous avez collectées auprès de personnes intéressées par votre travail ou votre sujet. Vous pouvez utiliser cette liste pour promouvoir votre livre directement auprès de vos lecteurs potentiels.

Création d'une liste d'abonnés : Si vous n'avez pas encore de liste de diffusion, il est temps d'en créer une. Vous pouvez le faire en ajoutant un formulaire d'inscription sur votre site web, votre blog ou vos réseaux sociaux, invitant les visiteurs à s'inscrire pour recevoir des mises à jour, des newsletters et des offres spéciales.

Envoyer des newsletters régulières : Les newsletters sont un moyen efficace de rester en contact avec votre public et de le tenir informé des dernières nouvelles concernant votre livre. Envoyez des newsletters régulières contenant des mises à jour sur votre travail, des extraits de livre, des articles pertinents, des événements à venir et d'autres informations intéressantes.

Annonces de nouveaux livres : Lorsque vous publiez un nouveau livre, annoncez-le à vos abonnés par e-mail. Partagez des détails sur le livre, son contenu, son contexte et ce qui rend cette nouvelle publication spéciale. Encouragez vos abonnés à en savoir plus en visitant la page de vente du livre sur Amazon.

Offres spéciales : Proposez des offres spéciales exclusives à vos abonnés pour les inciter à acheter votre livre. Cela pourrait inclure des réductions sur le prix du livre, des bonus gratuits, des tirages au sort ou d'autres incitations à l'achat. Assurez-vous de créer un sentiment d'urgence en rendant ces offres limitées dans le temps.

Appel à l'action clair : Dans chaque e-mail que vous envoyez à vos abonnés, incluez un appel à l'action clair et convaincant pour les inciter à agir. Cela pourrait être un lien direct vers la page de vente de votre livre sur Amazon, accompagné d'un message encourageant les lecteurs à acheter, à partager ou à en savoir plus.

Personnalisation : Personnalisez vos e-mails en utilisant le prénom de chaque abonné et en adaptant le contenu à leurs intérêts et préférences. Cela renforce le lien entre vous et vos lecteurs et les incite à s'engager davantage avec votre travail.

Conclusion : Utiliser votre liste de diffusion ou créer une liste d'abonnés est une stratégie efficace pour promouvoir votre livre par e-mail. En envoyant des newsletters régulières, des annonces de nouveaux livres et des offres spéciales, vous pouvez encourager vos abonnés à découvrir et à acheter votre livre sur Amazon.

3. Blogging et contenu en ligne :

Écriture d'articles de blog : Les articles de blog sont un moyen efficace de partager du contenu pertinent avec votre public cible. Créez des articles sur des sujets liés à votre livre, en explorant les thèmes, les idées et les anecdotes que vous abordez dans votre ouvrage. Partagez des conseils pratiques, des réflexions personnelles et des histoires inspirantes pour susciter l'intérêt des lecteurs.

Billets invités : Collaborez avec d'autres blogueurs ou sites web dans votre créneau pour rédiger des billets invités. Proposez des articles uniques et informatifs qui offrent de la valeur ajoutée aux lecteurs et qui les incitent à en apprendre davantage sur votre livre. Assurez-vous d'inclure des liens vers la page de vente de votre livre sur Amazon pour faciliter l'achat.

Articles pertinents : Recherchez des opportunités d'écrire des articles sur des sites web ou des publications en ligne traitant de sujets liés à votre livre. Par exemple, si vous écrivez un livre de cuisine, vous pourriez contribuer à des magazines culinaires ou à des blogs de cuisine. Fournissez des informations intéressantes et engageantes qui captivent les lecteurs et les incitent à en savoir plus sur votre livre.

Partage d'extraits de votre livre : Intégrez des extraits de votre livre dans vos articles de blog pour donner un aperçu du contenu aux lecteurs. Choisissez des passages significatifs, intrigants ou instructifs qui donnent envie aux lecteurs d'en savoir plus. Assurez-vous d'inclure des liens vers la page de vente de votre livre sur Amazon pour faciliter l'achat.

Histoires en coulisses : Partagez des histoires en coulisses sur la création de votre livre, les défis que vous avez rencontrés et les moments inspirants de votre parcours d'écriture. Les lecteurs sont souvent intéressés par les coulisses du processus créatif, alors n'hésitez pas à partager vos expériences personnelles.

Conseils utiles : Fournissez des conseils utiles et pratiques dans vos articles de blog pour aider les lecteurs à résoudre des problèmes ou à atteindre leurs objectifs. Cela peut être lié au sujet de votre livre ou à des domaines connexes qui intéressent votre public cible. Offrez de la valeur ajoutée aux lecteurs pour renforcer leur confiance en vous en tant qu'expert dans votre domaine.

Appel à l'action : À la fin de chaque article, incluez un appel à l'action invitant les lecteurs à en savoir plus sur votre livre sur Amazon. Cela pourrait être une invitation à acheter le livre, à s'inscrire à votre liste de diffusion ou à partager l'article avec d'autres personnes intéressées.

Conclusion : Écrire des articles de blog, des billets invités et des articles pertinents est une stratégie efficace pour promouvoir votre livre et attirer l'attention des lecteurs. En partageant des extraits de votre livre, des histoires en coulisses et des conseils utiles, vous pouvez susciter l'intérêt des lecteurs et les inciter à découvrir votre livre sur Amazon.

4. Marketing d'influence :

Identification des influenceurs et des personnalités du secteur : Recherchez des influenceurs, des blogueurs et des experts dans votre domaine d'écriture qui ont une audience engagée et pertinente pour votre livre. Explorez les réseaux sociaux, les blogs, les podcasts et les sites web connexes pour trouver des personnes qui pourraient être intéressées par votre sujet.

Proposition d'exemplaires gratuits : Contactez ces influenceurs et personnalités du secteur et proposez-leur des exemplaires gratuits de votre livre en échange d'avis, de critiques ou de recommandations. Assurez-vous d'inclure une brève présentation de votre livre, de son contenu et de son importance, ainsi que des informations sur la manière dont il pourrait bénéficier à leur audience.

Offrir de la valeur ajoutée : Mettez en avant les avantages pour les influenceurs de partager votre livre avec leur audience. Cela pourrait inclure l'opportunité de découvrir un nouveau contenu pertinent pour leur niche, de recevoir un exemplaire gratuit du livre avant sa sortie officielle, ou même d'être présenté dans le livre en tant que partenaire ou collaborateur.

Élargissement de votre portée : En obtenant des critiques et des recommandations de la part d'influenceurs et de personnalités du secteur, vous pouvez augmenter la visibilité de votre livre auprès d'une audience plus large et potentiellement intéressée. Les recommandations d'influenceurs sont souvent perçues comme authentiques et fiables par leur audience, ce qui peut encourager davantage de lecteurs à découvrir et à acheter votre livre.

Construction de relations : Utilisez cette opportunité pour établir des relations avec des influenceurs et des experts dans votre domaine. Restez en contact avec eux, partagez leur contenu, et cherchez d'autres moyens de collaborer à l'avenir. Les relations à long terme avec des influenceurs peuvent être précieuses pour la promotion continue de vos livres et la croissance de votre audience.

Suivi et remerciements : Une fois que les influenceurs ont reçu et examiné votre livre, assurez-vous de suivre avec eux pour recueillir leurs avis et réponses. Remerciez-les pour leur temps et leur engagement, que leur réponse soit positive ou constructive. La gratitude et la courtoisie renforcent vos relations et favorisent des collaborations futures.

Conclusion : Identifier des influenceurs et des personnalités du secteur, leur proposer des exemplaires gratuits de votre livre en échange d'avis ou de recommandations, peut être un moyen efficace d'élargir votre portée et d'attirer de nouveaux lecteurs. Assurez-vous de valoriser les avantages pour les influenceurs et de construire des relations à long terme pour maximiser les retombées de cette stratégie de promotion.

5. Publicité payante :

Exploration des options de publicité payante : Lorsque vous explorez des stratégies de promotion pour votre livre, il est important de considérer les options de publicité payante disponibles sur des plateformes telles que Amazon Advertising, Google Ads et les réseaux sociaux. Ces plateformes offrent des outils puissants pour cibler spécifiquement votre public idéal et promouvoir efficacement votre livre auprès de celui-ci.

Création de campagnes publicitaires ciblées : Une fois que vous avez sélectionné les plateformes publicitaires sur lesquelles vous souhaitez investir, créez des campagnes publicitaires ciblées en fonction de votre public cible. Utilisez des fonctionnalités de ciblage avancées telles que les mots-clés, les centres d'intérêt, la démographie et le comportement en ligne pour atteindre les lecteurs les plus susceptibles d'être intéressés par votre livre.

Objectifs de la campagne publicitaire : Définissez clairement les objectifs de votre campagne publicitaire, qu'il s'agisse de générer des ventes directes, d'augmenter la visibilité de votre livre, d'obtenir des avis ou de développer votre liste de diffusion. Concevez vos annonces et vos appels à l'action en fonction de ces objectifs pour maximiser les résultats de votre campagne.

Budget publicitaire : Établissez un budget publicitaire réaliste en fonction de vos objectifs et de vos ressources disponibles. Suivez de près les performances de vos campagnes et ajustez votre budget en conséquence pour maximiser le retour sur investissement.

Analyse et optimisation : Surveillez attentivement les performances de vos campagnes publicitaires et analysez les données pour identifier ce qui fonctionne bien et ce qui peut être amélioré. Optimisez continuellement vos annonces, vos audiences et vos stratégies de ciblage en fonction des insights que vous recueillez pour améliorer l'efficacité de vos campagnes au fil du temps.

Conclusion : La publicité payante sur des plateformes telles que Amazon Advertising, Google Ads et les réseaux sociaux peut être un moyen efficace de promouvoir votre livre et d'atteindre votre public cible. En créant des campagnes publicitaires ciblées, en définissant des objectifs clairs, en gérant judicieusement votre budget et en optimisant vos stratégies en fonction des données, vous pouvez maximiser l'impact de vos efforts publicitaires et augmenter les ventes et la visibilité de votre livre.

Planification d'activités de marketing :

1. Promotions et offres spéciales : Planifiez des promotions et des offres spéciales pour stimuler les ventes de votre livre. Organisez des ventes flash, des remises temporaires ou des offres groupées pour inciter les lecteurs à acheter votre livre pendant une période limitée.

2. Annonces et événements : Identifiez des opportunités pour promouvoir votre livre lors d'événements, de salons du livre, de conférences ou de séances de dédicaces. Créez des annonces percutantes, des bannières attrayantes et des supports promotionnels pour attirer l'attention des participants et des médias sur votre livre.

3. Partenariats et collaborations : Collaborez avec d'autres auteurs, blogueurs, influenceurs ou marques dans votre domaine pour étendre votre portée et promouvoir mutuellement vos livres. Organisez des partenariats de promotion croisée, des interviews croisées ou des projets collaboratifs pour partager votre livre avec de nouveaux publics.

En élaborant un plan de marketing bien pensé et en mettant en œuvre des activités de promotion efficaces, vous pouvez augmenter la visibilité et les ventes de votre livre sur Amazon. Soyez créatif, stratégique et persévérant dans vos efforts de marketing pour atteindre vos objectifs de vente et faire connaître votre livre à un public plus large.

4.2 Utilisation des réseaux sociaux

Les réseaux sociaux sont des outils puissants pour promouvoir votre livre, établir des connexions avec les lecteurs et créer une communauté autour de votre travail. Dans cette section, nous allons explorer les stratégies pour promouvoir votre livre sur les réseaux sociaux tels que Facebook, Twitter et Instagram, ainsi que des conseils pour engager les lecteurs et créer une communauté autour de votre livre.

Stratégies pour promouvoir votre livre sur les réseaux sociaux :

1.**Créez une page ou un profil dédié :** Créez une page Facebook, un compte Twitter ou un profil Instagram dédié à votre livre. Utilisez une image de couverture attrayante et une description claire pour présenter votre livre et inciter les visiteurs à en savoir plus.

2. **Partagez des contenus pertinents** : Partagez régulièrement des contenus pertinents liés à votre livre, tels que des extraits, des citations, des articles de blog, des vidéos ou des photos. Utilisez ces contenus pour susciter l'intérêt des lecteurs et les inciter à en savoir plus sur votre livre.

3. Interagissez avec votre public : Engagez-vous activement avec votre public en répondant aux commentaires, en posant des questions, en lançant des sondages ou en organisant des concours. Favorisez les conversations authentiques et créez un lien personnel avec vos lecteurs pour renforcer leur intérêt pour votre livre.

4. Utilisez des hashtags pertinents : Utilisez des hashtags pertinents sur chaque plateforme sociale pour accroître la visibilité de vos publications. Recherchez des hashtags populaires dans votre niche et utilisez-les de manière stratégique pour rejoindre des conversations pertinentes et attirer de nouveaux lecteurs.

5. Partagez des témoignages et des critiques : Partagez des témoignages de lecteurs satisfaits, des critiques élogieuses ou des citations d'experts pour renforcer la crédibilité de votre livre. Ces témoignages sociaux peuvent encourager d'autres lecteurs à découvrir votre livre et à l'acheter.

Conseils pour engager les lecteurs et créer une communauté :

1. Organisez des événements en direct : Organisez des séances de questions-réponses en direct, des discussions d'auteur en direct ou des lectures de livre en direct sur les réseaux sociaux pour engager votre public et créer un sentiment de communauté autour de votre livre.

2. Créez du contenu interactif : Créez du contenu interactif tel que des quiz, des sondages, des défis de lecture ou des concours pour encourager la participation des lecteurs et stimuler l'engagement sur les réseaux sociaux.

3. Encouragez les partages et les recommandations : Encouragez vos lecteurs à partager leurs expériences de lecture, leurs photos de votre livre ou leurs recommandations avec leurs amis et leurs abonnés sur les réseaux sociaux. Offrez des incitations telles que des remises ou des cadeaux pour encourager les partages et les recommandations.

4. Favorisez la communauté : Créez un groupe ou une communauté en ligne dédié à votre livre où les lecteurs peuvent se rencontrer, discuter et partager leurs pensées. Favorisez un environnement accueillant et inclusif où les membres se sentent encouragés à partager leurs opinions et leurs expériences de lecture.

En utilisant de manière stratégique les réseaux sociaux, vous pouvez promouvoir efficacement votre livre, engager les lecteurs et créer une communauté autour de votre travail. Soyez actif, authentique et persévérant dans vos efforts de marketing sur les réseaux sociaux pour maximiser l'impact de votre livre et atteindre un public plus large.

4.3 Collaboration avec d'autres auteurs et influenceurs

Collaborer avec d'autres auteurs ou influenceurs dans votre domaine peut être une stratégie efficace pour accroître la visibilité de votre livre et atteindre de nouveaux publics. Dans cette section, nous explorerons les techniques pour établir des partenariats avec d'autres auteurs ou influenceurs, ainsi que l'organisation de promotions croisées et d'événements de lancement conjoints.

Techniques pour établir des partenariats :

1. Recherchez des auteurs ou influenceurs pertinents : Identifiez des auteurs ou influenceurs dans votre domaine dont le public cible correspond à celui de votre livre. Recherchez des personnes qui partagent des intérêts similaires ou qui ont une audience qui pourrait être intéressée par votre livre.

2. Établissez des relations : Commencez par établir des relations avec les auteurs ou influenceurs que vous souhaitez approcher pour une collaboration. Suivez-les sur les réseaux sociaux, engagez-vous avec leur contenu, laissez des commentaires constructifs et partagez leurs publications pour créer une connexion authentique.

3. Proposez une valeur ajoutée : Lorsque vous approchez des auteurs ou influenceurs pour une collaboration, proposez-leur une valeur ajoutée. Mettez en avant ce que vous pouvez apporter à leur audience, que ce soit en termes de contenu de qualité, d'expertise ou d'opportunités exclusives.

4. Soyez professionnel : Soyez professionnel dans votre approche et dans vos communications avec les auteurs ou influenceurs. Présentez-vous de manière claire et concise, expliquez votre proposition de collaboration et montrez que vous êtes sérieux et engagé dans votre démarche.

Organisation de promotions croisées et d'événements de lancement conjoints :

1. Promotions croisées : Organisez des promotions croisées avec d'autres auteurs ou influenceurs où vous vous engagez à promouvoir mutuellement vos livres auprès de vos audiences respectives. Cela peut inclure des recommandations croisées, des entrevues croisées, des critiques croisées ou des partages de contenu sur les réseaux sociaux.

2. Événements de lancement conjoints : Organisez des événements de lancement conjoints avec d'autres auteurs où vous pouvez collaborer pour organiser des lectures, des séances de questions-réponses, des séances de dédicaces ou des webinaires. Ces événements permettent de maximiser la visibilité de votre livre en rassemblant les audiences de plusieurs auteurs.

3. Partagez les ressources et les contacts : Partagez les ressources et les contacts avec d'autres auteurs ou influenceurs pour renforcer votre partenariat. Cela peut inclure des contacts d'éditeurs, des opportunités de marketing ou des conseils sur la promotion de livres.

En collaborant avec d'autres auteurs ou influenceurs, vous pouvez étendre votre portée, augmenter la visibilité de votre livre et atteindre de nouveaux publics. Soyez stratégique dans le choix de vos partenaires et dans la manière dont vous organisez vos collaborations pour maximiser les avantages pour votre livre.

Module 5 : Suivi et Optimisation des Performances

Objectif : Apprendre à suivre les performances de votre livre sur Amazon et à optimiser votre stratégie en conséquence.

5.1 Utilisation du tableau de bord KDP

Le tableau de bord KDP est un outil essentiel pour suivre les performances de votre livre sur Amazon. Dans cette section, nous explorerons l'utilisation du tableau de bord KDP, y compris l'interprétation des données de vente disponibles et le suivi des performances de votre livre au fil du temps.

Interprétation des données de vente :

1. Ventes et redevances : Le tableau de bord KDP fournit des informations détaillées sur les ventes de votre livre, y compris le nombre d'exemplaires vendus, les revenus générés et les redevances que vous avez gagnées. Utilisez ces données pour évaluer les performances de votre livre et suivre ses tendances de vente.

2. Pages lues (pour les livres Kindle Unlimited) : Si votre livre est inscrit au programme Kindle Unlimited, le tableau de bord KDP affichera également le nombre de pages lues par les abonnés. Cela vous permet de suivre l'engagement des lecteurs avec votre livre et d'évaluer sa popularité parmi les abonnés Kindle Unlimited.

3. Classements et catégories : Sur le tableau de bord KDP, vous pouvez consulter les classements de votre livre dans différentes catégories sur Amazon. Surveillez les fluctuations de classement pour évaluer l'impact de vos efforts de marketing et identifier les opportunités d'optimisation pour améliorer la visibilité de votre livre.

Suivi des performances au fil du temps :

1. Analyse des tendances de vente : Utilisez les données de vente disponibles dans le tableau de bord KDP pour analyser les tendances de vente de votre livre au fil du temps. Identifiez les pics de ventes, les périodes creuses et les motifs saisonniers pour ajuster votre stratégie de marketing en conséquence.

2. Évaluation de l'efficacité des promotions : Si vous organisez des promotions ou des offres spéciales pour votre livre, utilisez le tableau de bord KDP pour évaluer leur efficacité. Suivez l'impact des promotions sur les ventes de votre livre et déterminez ce qui fonctionne le mieux pour stimuler les ventes.

3. Optimisation des stratégies de marketing : En utilisant les données de vente et les informations disponibles dans le tableau de bord KDP, ajustez continuellement votre stratégie de marketing pour maximiser les performances de votre livre. Identifiez les canaux de promotion les plus efficaces, les types de contenu qui suscitent le plus d'engagement et les périodes opportunes pour lancer des promotions.

En utilisant efficacement le tableau de bord KDP pour suivre les performances de votre livre, vous pouvez identifier les opportunités d'optimisation, ajuster votre stratégie de marketing et maximiser les ventes de votre livre sur Amazon. Soyez attentif aux données et utilisez-les pour prendre des décisions éclairées afin d'améliorer la visibilité et le succès de votre livre.

5.2 Analyse des données de vente

Une analyse approfondie des données de vente est cruciale pour comprendre les performances de votre livre et identifier les opportunités d'amélioration. Dans cette section, nous aborderons l'identification des tendances de vente et des opportunités pour votre livre, ainsi que l'utilisation des informations pour ajuster votre stratégie de marketing et de promotion.

Identification des tendances de vente et des opportunités :

1. **Évaluation des fluctuations de vente :** Utilisez les données de vente disponibles dans le tableau de bord KDP pour évaluer les fluctuations de vente de votre livre au fil du temps. Identifiez les périodes de pic et de creux de vente et analysez les facteurs qui peuvent influencer ces variations, tels que les saisons, les événements spéciaux ou les campagnes de marketing.

2. **Analyse des performances par canal de vente : Si** votre livre est disponible dans plusieurs formats (eBook, livre broché, livre audio), analysez les performances de vente de chaque format pour identifier les canaux de vente les plus efficaces. Identifiez les canaux qui génèrent le plus de ventes et concentrez vos efforts de marketing sur ces canaux pour maximiser les revenus.

3. **Étude des classements et des catégories :** Analysez les classements de votre livre dans différentes catégories sur Amazon pour évaluer sa visibilité et sa compétitivité. Identifiez les catégories dans lesquelles votre livre performe le mieux et explorez les opportunités d'optimisation pour améliorer son classement dans d'autres catégories pertinentes.

Utilisation des informations pour ajuster votre stratégie de marketing et de promotion :

1. Optimisation des descriptions et des métadonnées : Utilisez les informations tirées de l'analyse des données de vente pour optimiser les descriptions de votre livre et les métadonnées associées. Identifiez les points forts de votre livre qui ont le plus d'impact sur les ventes et mettez-les en avant dans vos descriptions pour attirer l'attention des lecteurs.

2. Ajustement des stratégies de tarification : Analysez les réactions des lecteurs à différentes stratégies de tarification et ajustez vos prix en conséquence. Testez différentes gammes de prix, des promotions temporaires et des offres spéciales pour trouver le juste équilibre entre rentabilité et attractivité pour les lecteurs.

3. Expansion vers de nouveaux marchés : Utilisez les données de vente pour identifier les marchés géographiques où votre livre performe le mieux et explorez les opportunités d'expansion vers de nouveaux marchés. Envisagez de traduire votre livre dans d'autres langues ou de le distribuer dans des pays où il existe une demande significative pour votre genre littéraire.

En analysant régulièrement les données de vente de votre livre et en ajustant votre stratégie de marketing et de promotion en conséquence, vous pouvez maximiser ses performances et augmenter ses ventes sur Amazon. Soyez réactif aux tendances du marché et aux retours des lecteurs pour optimiser continuellement votre stratégie et atteindre vos objectifs de vente.

5.3 Révision de votre stratégie

Une révision régulière de votre stratégie est essentielle pour maintenir le succès de votre livre sur Amazon. Dans cette section, nous aborderons l'évaluation régulière de votre plan de marketing et d'édition, ainsi que l'adaptation de votre stratégie en fonction des résultats obtenus.

Évaluation régulière de votre plan de marketing et d'édition :

1. Analyse des performances de marketing : Évaluez régulièrement l'efficacité de vos efforts de marketing en examinant les données de vente, les retours des lecteurs et les indicateurs de performance clés. Identifiez ce qui fonctionne bien et ce qui peut être amélioré dans votre stratégie de marketing, et ajustez-la en conséquence.

2. Révision des canaux de promotion : Passez en revue les différents canaux de promotion que vous utilisez pour promouvoir votre livre, tels que les réseaux sociaux, les publicités en ligne, les partenariats avec d'autres auteurs, etc. Identifiez les canaux qui génèrent le plus de résultats et réallouez vos ressources en conséquence.

3. Évaluation de l'édition et de la présentation : Révisez régulièrement le contenu de votre livre, ainsi que sa couverture, sa mise en page et ses métadonnées, pour vous assurer qu'il reste attrayant et compétitif sur le marché. Prenez en compte les commentaires des lecteurs et les tendances du marché pour apporter les ajustements nécessaires.

Adaptation de votre stratégie en fonction des résultats obtenus :

1. Ajustement des tactiques de marketing : Utilisez les informations tirées de l'évaluation de votre stratégie pour ajuster vos tactiques de marketing. Testez de nouvelles approches, expérimentez avec de nouveaux canaux de promotion et analysez les résultats pour déterminer ce qui fonctionne le mieux pour votre livre.

2. Optimisation de la présentation : Si vous identifiez des éléments de votre livre qui pourraient être améliorés, tels que la couverture, la description ou les métadonnées, apportez les modifications nécessaires pour optimiser sa présentation et augmenter son attrait pour les lecteurs potentiels.

3. Restez flexible et réactif : Le paysage de l'industrie de l'édition est en constante évolution, donc restez flexible et réactif aux changements du marché et aux retours des lecteurs. Soyez prêt à ajuster votre stratégie en fonction des nouvelles informations et des tendances émergentes pour maintenir le succès de votre livre sur Amazon.

En révisant régulièrement votre stratégie de marketing et d'édition et en vous adaptant aux résultats obtenus, vous pouvez maximiser les performances de votre livre sur Amazon et continuer à atteindre de nouveaux lecteurs. Restez attentif aux changements du marché et aux retours des lecteurs pour rester compétitif et réaliser votre plein potentiel en tant qu'auteur indépendant.

Module 6 : Expansion et Diversification

Objectif : Explorer des moyens supplémentaires de monétiser votre contenu et d'élargir votre portée avec Amazon KDP.

6.1 Exploration de nouveaux marchés et langues

L'expansion vers de nouveaux marchés et l'exploration de la diversification linguistique peuvent être des stratégies efficaces pour augmenter vos revenus et atteindre un public plus large. Dans cette section, nous aborderons l'utilisation de KDP Select et KDP Global pour atteindre des marchés internationaux, ainsi que la traduction de votre livre dans d'autres langues pour toucher de nouveaux lecteurs.

Utilisation de KDP Select et KDP Global pour atteindre des marchés internationaux :

1. KDP Select :

Programme KDP Select : Le programme KDP Select d'Amazon offre aux auteurs une gamme d'avantages exclusifs en échange de l'exclusivité numérique de leur livre avec Amazon pendant une période de 90 jours renouvelable automatiquement. En inscrivant votre livre dans ce programme, vous avez la possibilité de bénéficier de plusieurs avantages qui peuvent contribuer à accroître la visibilité et les ventes de votre livre.

Proposition aux abonnés Kindle Unlimited : En participant au programme KDP Select, votre livre devient éligible à être proposé en location aux abonnés Kindle Unlimited. Les abonnés peuvent emprunter et lire votre livre sans frais supplémentaires, ce qui peut augmenter le nombre de lecteurs potentiels et générer des revenus basés sur les pages lues de votre livre.

Participation aux promotions exclusives : Les auteurs inscrits au programme KDP Select ont accès à des promotions exclusives telles que les offres Kindle Countdown Deals et les offres flash. Ces promotions offrent des réductions temporaires sur le prix de vente de votre livre, ce qui peut attirer davantage de lecteurs et stimuler les ventes pendant la durée de la promotion.

Accroissement de la visibilité et des revenus : En profitant des avantages du programme KDP Select, vous pouvez accroître la visibilité de votre livre auprès d'un public plus large, notamment les abonnés Kindle Unlimited et les acheteurs potentiels intéressés par les offres promotionnelles. Cela peut se traduire par une augmentation des revenus provenant des pages lues, des ventes et des emprunts de votre livre.

Exclusivité numérique : Il est important de noter que l'inscription à KDP Select implique une exclusivité numérique avec Amazon, ce qui signifie que vous ne pouvez pas distribuer votre livre sous format numérique sur d'autres plateformes pendant la durée de l'inscription. Assurez-vous de peser les avantages et les inconvénients de cette exclusivité avant de prendre votre décision.

Conclusion : En inscrivant votre livre dans le programme KDP Select, vous pouvez bénéficier d'avantages tels que la proposition aux abonnés Kindle Unlimited et la participation à des promotions exclusives, ce qui peut contribuer à accroître la visibilité et les revenus de votre livre sur Amazon. Assurez-vous de bien comprendre les implications de l'exclusivité numérique avant de prendre votre décision d'inscription.

2. KDP Global :

KDP Global est une fonctionnalité offerte par Amazon Kindle Direct Publishing (KDP) qui permet aux auteurs de publier et de vendre leurs livres dans plusieurs marchés internationaux à travers le monde. Cette fonctionnalité offre aux auteurs la possibilité d'atteindre un public mondial et de maximiser la portée de leurs livres.

Marchés internationaux pris en charge : Grâce à KDP Global, les auteurs peuvent publier et vendre leurs livres dans une multitude de marchés internationaux, y compris des pays majeurs tels que les États-Unis, le Royaume-Uni, le Canada, l'Inde, l'Australie, ainsi que dans de nombreux autres pays du monde entier. Cela permet aux auteurs de toucher des lecteurs dans des régions diverses et variées, offrant ainsi une opportunité d'expansion significative.

Expansion de la distribution : En utilisant KDP Global, les auteurs peuvent étendre la distribution de leurs livres à de nouveaux territoires où Amazon est présent. Cela signifie que les livres publiés via KDP peuvent être disponibles à l'achat sur les sites Amazon des différents pays et régions inclus dans le programme. Cette expansion de la distribution offre aux auteurs une opportunité unique de toucher un public mondial sans les tracas associés à la distribution traditionnelle.

Atteindre un public mondial : L'une des principales valeurs de KDP Global réside dans sa capacité à aider les auteurs à atteindre un public mondial. En publiant leur livre sur les différents marchés internationaux pris en charge, les auteurs peuvent toucher des lecteurs dans le monde entier, ce qui peut potentiellement augmenter les ventes, accroître la visibilité de leurs œuvres et élargir leur base de fans.

Conclusion : KDP Global offre aux auteurs la possibilité de publier et de vendre leurs livres dans plusieurs marchés internationaux, leur permettant ainsi d'étendre la distribution de leurs œuvres et d'atteindre un public mondial. Cette fonctionnalité est un outil précieux pour les auteurs cherchant à maximiser la portée de leurs livres et à réussir sur la scène mondiale de l'édition indépendante.

Traduction de votre livre dans d'autres langues pour toucher de nouveaux lecteurs :

1. Évaluation du potentiel du marché : Avant de traduire votre livre dans une autre langue, évaluez le potentiel du marché dans les pays où cette langue est parlée. Recherchez la demande pour votre genre littéraire dans ces marchés, ainsi que le nombre de lecteurs potentiels qui pourraient être intéressés par votre livre.

2. Engagement de traducteurs professionnels : Engagez des traducteurs professionnels pour traduire votre livre dans d'autres langues de manière précise et fluide. Assurez-vous que les traducteurs sont natifs de la langue cible et qu'ils ont une expérience dans la traduction de contenu littéraire pour garantir la qualité de la traduction.

3. Optimisation des métadonnées et de la présentation : Une fois votre livre traduit, optimisez les métadonnées et la présentation dans la langue cible pour maximiser sa visibilité et son attrait auprès des lecteurs locaux. Assurez-vous que la description, les mots-clés et la couverture de votre livre sont adaptés au marché spécifique dans lequel vous souhaitez le promouvoir.

En explorant de nouveaux marchés et en diversifiant les langues dans lesquelles votre livre est disponible, vous pouvez élargir votre portée, augmenter vos revenus et toucher un public plus diversifié à travers le monde. Soyez stratégique dans votre approche et assurez-vous de comprendre les spécificités de chaque marché et de chaque langue pour maximiser les opportunités de réussite avec Amazon KDP.

6.2 Création de séries de livres

La création de séries de livres peut être une stratégie puissante pour fidéliser les lecteurs, augmenter les ventes et construire une base de fans solide. Dans cette section, nous examinerons les avantages de la création de séries de livres et les stratégies pour planifier et écrire une série à succès.

Avantages de la création de séries de livres :

1. Fidélisation des lecteurs : Les séries de livres offrent aux lecteurs une expérience immersive et prolongée, les incitant à revenir pour découvrir la suite des aventures de leurs personnages préférés. En fidélisant les lecteurs à travers une série, vous pouvez augmenter la rétention et la fidélité à long terme.

2. Augmentation des ventes : Lorsqu'un lecteur tombe amoureux d'une série, il est plus susceptible d'acheter tous les livres de la série pour découvrir l'histoire complète. Cela peut entraîner une augmentation significative des ventes, en particulier si vous parvenez à créer une série addictive et captivante.

3. Construction d'une base de fans : Les séries de livres permettent de construire une base de fans dévouée et engagée qui attend avec impatience chaque nouvelle sortie. En offrant régulièrement de nouveaux titres dans une série, vous pouvez maintenir l'intérêt des lecteurs et construire une communauté de fans passionnés autour de votre travail.

Stratégies pour planifier et écrire une série à succès :

1. Définir une intrigue globale : Avant de commencer à écrire, définissez une intrigue globale pour votre série, y compris les arcs narratifs principaux, les personnages clés et les événements principaux. Assurez-vous d'avoir une vision claire de la direction de la série et de comment chaque livre contribuera à l'ensemble de l'intrigue.

2. Planifier les livres individuels : Une fois que vous avez défini l'intrigue globale, planifiez les livres individuels de la série, y compris les rebondissements et les révélations spécifiques à chaque tome. Assurez-vous que chaque livre a son propre arc narratif tout en contribuant à l'intrigue plus large de la série.

3. Maintenir la cohérence : Veillez à maintenir la cohérence à travers toute la série en ce qui concerne les personnages, les lieux, les événements et les règles de l'univers que vous avez créé. Gardez un dossier détaillé des éléments de l'histoire pour vous assurer que tout reste cohérent d'un livre à l'autre.

4. Garder les lecteurs engagés : Utilisez des cliffhangers, des retournements de situation inattendus et des moments émotionnels forts pour garder les lecteurs engagés et les inciter à continuer la série. Fournissez également des récompenses pour la fidélité des lecteurs, comme des aperçus exclusifs, des bonus ou des événements spéciaux.

En planifiant et en écrivant une série de livres avec soin, vous pouvez fidéliser les lecteurs, augmenter les ventes et construire une base de fans solide pour votre travail. Restez fidèle à votre vision créative tout en étant attentif aux besoins et aux attentes de votre public pour créer une série qui captivera et enthousiasmera les lecteurs.

6.3 Publication de livres audio avec ACX

La publication de livres audio peut être une extension précieuse de votre catalogue littéraire, permettant d'atteindre un public différent et d'augmenter vos revenus. ACX (Audiobook Creation Exchange) est une plateforme qui facilite la publication de livres audio sur Amazon. Dans cette section, nous allons explorer ACX et ses avantages pour les auteurs, ainsi que le processus de publication de livres audio sur Amazon.

Présentation d'ACX et de ses avantages pour les auteurs :

1.Qu'est-ce que ACX : ACX est une plateforme en ligne gérée par Amazon qui met en relation les auteurs, les éditeurs et les narrateurs pour la création et la distribution de livres audio. C'est un marché où les auteurs peuvent trouver des narrateurs pour enregistrer leurs livres et les publier sous forme de livres audio.

2. Avantages pour les auteurs :

- Accès à une large audience : Grâce à Amazon, les livres audio publiés sur ACX bénéficient d'une visibilité sur la plateforme d'Amazon, ce qui permet d'atteindre un large public d'auditeurs potentiels.
- Possibilité de monétisation : Les auteurs peuvent générer des revenus supplémentaires en vendant des livres audio, offrant ainsi une autre source de revenus pour leur travail.
- Contrôle créatif : Les auteurs ont un contrôle total sur la narration et la production de leur livre audio, y compris le choix du narrateur et le style de narration.

Processus de publication de livres audio sur Amazon :

1. Création d'un compte ACX : Pour commencer, les auteurs doivent créer un compte ACX sur le site web de la plateforme. Une fois le compte créé, vous pouvez commencer à télécharger vos livres et à les publier pour la narration.

2. Choix d'un narrateur : Sur ACX, les auteurs peuvent rechercher des narrateurs professionnels pour enregistrer leurs livres audio. Vous pouvez écouter des échantillons de voix des narrateurs et choisir celui qui correspond le mieux au style et au ton de votre livre.

3. Négociation des conditions : Une fois que vous avez sélectionné un narrateur, vous devez négocier les conditions de production, y compris le paiement du narrateur (soit un tarif par heure d'enregistrement, soit un partage des redevances), les délais de livraison et les termes de distribution.

4. Enregistrement et production : Une fois les conditions convenues, le narrateur enregistrera votre livre audio en suivant vos directives. Une fois l'enregistrement terminé, le narrateur soumettra les fichiers audio à votre approbation.

5. Publication sur Amazon : Une fois que vous avez approuvé les fichiers audio, ACX se chargera de distribuer votre livre audio sur diverses plateformes, y compris Audible, Amazon et iTunes, où il sera disponible à l'achat par les auditeurs.

La publication de livres audio avec ACX offre aux auteurs une nouvelle opportunité de toucher un public plus large et de diversifier leurs revenus. En suivant les étapes du processus de publication sur ACX, les auteurs peuvent créer des livres audios de haute qualité et les rendre disponibles à la vente sur les principales plateformes de distribution de livres audio.

Module 7 : Low Content et High Content sur Amazon KDP

Objectif : Découvrir les concepts de low content et de high content et apprendre à les utiliser pour créer et vendre des produits sur Amazon KDP.

7.1 Introduction au Low Content et au High Content

Le monde de l'édition connaît une évolution constante, et avec l'avènement d'Amazon KDP, de nouveaux concepts tels que le low content et le high content ont émergé, ouvrant de vastes possibilités aux créateurs et aux éditeurs. Dans cette section, nous explorerons en profondeur ces deux concepts en pleine expansion.

Définition du low content et du high content

Le low content se réfère à des produits dont le contenu est minimaliste, laissant souvent beaucoup d'espace vide pour que l'utilisateur puisse ajouter ses propres informations, notes ou dessins. Ces produits incluent des éléments tels que des carnets, des agendas, des journaux, des listes de tâches, des calendriers, des trackers de santé et bien-être, des grilles de sudoku, des coloriages, des cahiers d'écriture, etc. Ils sont conçus pour faciliter l'organisation, la créativité ou la relaxation de l'utilisateur, tout en nécessitant peu d'efforts de création de contenu de la part de l'éditeur. D'un autre côté, le high content se caractérise par des produits plus riches en contenu, offrant souvent des informations éducatives, des exercices pratiques, des guides pas à pas, des activités interactives et des analyses approfondies.

Ces produits peuvent inclure des livres d'activités, des manuels, des guides pratiques, des tutoriels, des cahiers d'exercices, des guides de formation, des livres de recettes, etc. Contrairement au low content, le high content exige généralement un effort de création de contenu plus important de la part de l'éditeur, mais il offre également une valeur ajoutée et une immersion plus profonde pour l'utilisateur.

Explication de la popularité croissante de ces produits sur Amazon KDP

La popularité croissante des produits low content et high content sur Amazon KDP s'explique par plusieurs facteurs. Premièrement, ces produits offrent une flexibilité et une adaptabilité remarquables, car ils peuvent être facilement personnalisés et adaptés aux besoins spécifiques de chaque utilisateur. De plus, ils répondent à une demande croissante pour des produits pratiques, éducatifs et divertissants, particulièrement dans un monde de plus en plus numérique où les gens cherchent des moyens tangibles de s'organiser, de se détendre et d'apprendre.

En outre, la facilité de publication et de distribution via Amazon KDP rend ces produits accessibles à un large public, permettant aux créateurs de toucher des clients du monde entier sans les tracas liés à la distribution physique. Cela ouvre de nouvelles opportunités pour les auteurs, les entrepreneurs et les créateurs de contenu de monétiser leurs idées et leurs compétences, tout en offrant une expérience utilisateur de haute qualité.

Dans les sections suivantes de ce module, nous plongerons plus profondément dans la création, la publication, la tarification et la promotion de produits low content et high content sur Amazon KDP, vous donnant les connaissances et les compétences nécessaires pour réussir dans ce domaine en pleine expansion.

7.2 Création de Low Content Products

Qu'est-ce que le low content ?

Le low content fait référence à des produits qui ont un contenu minimal, laissant souvent de l'espace pour que l'utilisateur puisse ajouter ses propres informations ou dessins. Ces produits sont souvent des outils pratiques ou des supports de créativité qui offrent une structure sans imposer de contenu spécifique. Ils sont populaires pour leur flexibilité et leur capacité à s'adapter aux besoins individuels de chaque utilisateur.

Exemples de produits low content : carnets, journaux, calendriers, trackers, etc.

Les produits low content sont variés et peuvent inclure une gamme de produits tels que des carnets de notes, des journaux intimes, des calendriers mensuels ou annuels, des trackers de santé et de bien-être, des listes de tâches, des grilles de sudoku, des livres à colorier, des cahiers d'écriture, et bien plus encore. L'objectif principal de ces produits est de fournir une structure ou un cadre pour les utilisateurs, tout en leur permettant de personnaliser le contenu selon leurs besoins.

Comment concevoir et formater efficacement des produits low content pour Amazon KDP :

Lors de la création de produits low content pour Amazon KDP, il est essentiel de prendre en compte plusieurs aspects. Tout d'abord, déterminez le type de produit que vous souhaitez créer et identifiez les besoins de votre public cible. Ensuite, concevez une mise en page claire et attrayante qui offre une expérience utilisateur agréable. Assurez-vous que le format de votre produit est compatible avec les spécifications techniques d'Amazon KDP, en particulier en ce qui concerne la taille et la résolution des fichiers.

Utilisez des logiciels de conception graphique tels que Canva ou Adobe InDesign pour créer vos produits avec facilité. Veillez à ce que le design soit cohérent et professionnel, et incluez des éléments visuels attrayants pour rendre votre produit plus attractif.

Stratégies de tarification et de marketing pour les produits low content :

En ce qui concerne la tarification des produits low content, il est important de considérer la valeur perçue par le client ainsi que les coûts de production et de distribution. Les produits low content sont souvent tarifés à des prix abordables, ce qui les rend accessibles à un large public. Cependant, il est également possible d'ajuster les prix en fonction de la qualité du produit, de sa complexité et de sa valeur ajoutée. En ce qui concerne le marketing, utilisez des techniques telles que les mots-clés pertinents, les descriptions détaillées et les visuels attrayants pour optimiser la visibilité de vos produits sur Amazon. En outre, utilisez les médias sociaux, les blogs et les newsletters pour promouvoir vos produits et atteindre un public plus large.

7.3 Création de High Content Products

Qu'est-ce que le high content ?

Le high content se réfère à des produits qui offrent un contenu substantiel et informatif. Contrairement aux produits low content, les produits high content sont riches en informations et peuvent inclure des livres d'activités, des guides pratiques, des manuels d'apprentissage, des ouvrages de référence, et d'autres publications qui fournissent un contenu détaillé et approfondi sur un sujet spécifique. Ces produits visent souvent à éduquer, à divertir ou à informer le lecteur sur un sujet donné.

Exemples de produits high content : livres d'activités, guides, manuels, etc.

Les produits high content sont divers et peuvent couvrir une large gamme de sujets et de formats. Parmi les exemples courants de produits high content, on trouve les livres d'activités pour enfants ou adultes, les guides pratiques sur des sujets spécifiques comme la cuisine, le bricolage, le jardinage ou la santé, ainsi que les manuels d'apprentissage pour l'éducation formelle ou informelle.

Processus de création et de mise en forme de produits high content sur Amazon KDP :

Lors de la création de produits high content pour Amazon KDP, il est essentiel de planifier soigneusement le contenu et la structure du livre. Commencez par définir clairement l'objectif et le public cible de votre livre, puis créez un plan détaillé pour organiser le contenu de manière logique et cohérente. Utilisez des outils de traitement de texte tels que Microsoft Word ou Google Docs pour rédiger et mettre en forme votre livre, en veillant à utiliser une mise en page professionnelle et attrayante.

Techniques pour développer des produits high content attrayants et engageants

Pour développer des produits high content attrayants et engageants, utilisez une combinaison de textes clairs et informatifs, d'images de haute qualité et d'éléments interactifs lorsque cela est approprié. Intégrez des exemples concrets, des études de cas, des exercices pratiques et d'autres éléments interactifs pour encourager l'engagement du lecteur et faciliter l'apprentissage.

De plus, assurez-vous d'inclure une table des matières détaillée, des index et d'autres éléments de navigation pour faciliter la navigation dans le livre et permettre aux lecteurs de trouver rapidement les informations dont ils ont besoin. Enfin, sollicitez des commentaires et des retours d'information de la part des lecteurs pour améliorer continuellement la qualité et la pertinence de vos produits high content.

7.4 Stratégies de Tarification et de Marketing

Détermination du prix optimal pour les produits low content et high content : La tarification de vos produits low content et high content sur Amazon KDP peut avoir un impact significatif sur leur attractivité et leur rentabilité. Pour déterminer le prix optimal, il est essentiel de prendre en compte plusieurs facteurs, notamment le contenu, la qualité, la concurrence, et les attentes du marché.

Pour les produits low content, comme les carnets, les journaux et les calendriers, vous pouvez envisager des prix abordables pour encourager les achats impulsifs. Cependant, assurez-vous que le prix reflète la valeur perçue du produit et qu'il est concurrentiel par rapport aux produits similaires sur le marché.

Pour les produits high content, tels que les guides pratiques et les livres d'activités, le prix peut être légèrement plus élevé en raison de la valeur informative et éducative du contenu. Considérez le temps et les efforts investis dans la création du produit, ainsi que sa pertinence et son utilité pour le public cible.

Utilisation de techniques de marketing efficaces pour promouvoir vos produits sur Amazon :

Pour promouvoir vos produits low content et high content sur Amazon, utilisez une combinaison de techniques de marketing en ligne et hors ligne pour atteindre votre public cible. Voici quelques stratégies efficaces à considérer :

- Optimisez les métadonnées de vos produits, y compris les titres, les descriptions et les mots-clés, pour améliorer leur visibilité dans les résultats de recherche Amazon.

- Créez des annonces sponsorisées sur Amazon pour mettre en avant vos produits auprès des acheteurs potentiels.

- Utilisez les réseaux sociaux pour partager des extraits de vos produits, des avis de lecteurs et d'autres contenus pertinents pour attirer l'attention sur vos livres.

- Collaborez avec des influenceurs ou des blogueurs dans votre niche pour promouvoir vos produits auprès de leur public.

Conseils pour améliorer la visibilité et les ventes de vos produits low content et high content :

En plus des techniques de marketing, voici quelques conseils supplémentaires pour améliorer la visibilité et les ventes de vos produits sur Amazon :

- Sollicitez des avis et des commentaires de la part des lecteurs pour renforcer la crédibilité de vos produits et encourager d'autres acheteurs potentiels.

- Expérimentez avec différentes couvertures, titres et descriptions pour déterminer ce qui fonctionne le mieux pour votre public cible.

- Surveillez régulièrement les performances de vos produits et ajustez votre stratégie de tarification et de marketing en fonction des résultats.

- Soyez réactif aux commentaires et aux questions des clients pour maintenir une bonne relation avec votre public et encourager la fidélité à long terme.

En mettant en œuvre ces stratégies et en restant attentif aux besoins et aux préférences de votre public cible, vous pouvez améliorer la visibilité et les ventes de vos produits low content et high content sur Amazon KDP.

7.5 Gestion des Ventes et Optimisation Continue

Surveillance des performances de vos produits sur Amazon KDP :

Pour assurer le succès de vos produits low content et high content sur Amazon KDP, il est crucial de surveiller régulièrement leurs performances.

Utilisez les outils analytiques fournis par Amazon pour suivre les ventes, les impressions, les clics et les conversions de vos produits. Identifiez les tendances de vente, les pics d'activité et les fluctuations de la demande pour ajuster votre stratégie de tarification et de marketing en conséquence.

Collecte de commentaires clients et ajustements en conséquence :

Les avis et les commentaires des clients peuvent fournir des informations précieuses sur la perception de vos produits et sur les domaines à améliorer. Encouragez les lecteurs à laisser des avis honnêtes et constructifs en leur offrant une expérience positive et en répondant rapidement à leurs préoccupations. Utilisez ces commentaires pour identifier les points forts et les faiblesses de vos produits, et apportez des ajustements en conséquence pour répondre aux besoins et aux attentes de votre public cible.

Techniques pour optimiser vos produits et maximiser vos revenus :

Pour optimiser vos produits low content et high content sur Amazon KDP, envisagez les stratégies suivantes :

- Révisez et mettez à jour régulièrement vos produits pour les maintenir pertinents et attrayants pour votre public cible.

- Expérimentez avec différentes variations de produits, telles que des couvertures alternatives, des formats de contenu et des designs, pour déterminer ce qui fonctionne le mieux

Utilisez les données analytiques pour identifier les segments de marché sous-exploités et les opportunités de croissance, puis développez des produits spécifiquement ciblés pour ces segments.

Engagez-vous avec votre public sur les réseaux sociaux, les forums et les groupes de discussion pour recueillir des avis, des suggestions et des idées pour de nouveaux produits.

En mettant en œuvre ces techniques d'optimisation continue, vous pouvez maximiser les revenus de vos produits low content et high content sur Amazon KDP et maintenir une présence durable sur le marché de l'auto-édition.

7.6 Opportunités et Défis

Analyse des opportunités et des défis associés à la création et à la vente de produits low content et high content :

Les produits low content et high content offrent aux auteurs une multitude d'opportunités sur Amazon KDP, mais ils présentent également des défis uniques.

Opportunités :

- **Diversification des revenus :** Les produits low content et high content permettent aux auteurs de diversifier leurs sources de revenus en offrant une gamme variée de produits aux lecteurs.

- **Marché en croissance :** La demande pour les produits low content et high content est en constante augmentation, offrant aux auteurs la possibilité de capitaliser sur une niche en expansion.

Créativité illimitée : Ces formats permettent aux auteurs d'exprimer leur créativité de manière variée, en explorant une multitude de sujets et de styles.

Défis :

- **Concurrence accrue :** En raison de la popularité croissante de ces produits, la concurrence sur Amazon KDP est de plus en plus féroce, ce qui rend difficile la différenciation et la visibilité.

- **Gestion logistique :** La création et la gestion de produits low content et high content peuvent être plus complexes que la publication de livres traditionnels, nécessitant une attention particulière à la conception, au formatage et à la logistique.

- **Évolution des tendances :** Les tendances dans le marché du low content et high content peuvent évoluer rapidement, obligeant les auteurs à rester à l'affût des changements et à s'adapter rapidement pour rester compétitifs.

Conseils pour tirer le meilleur parti de ces concepts sur Amazon KDP

Pour réussir dans le domaine du low content et high content sur Amazon KDP, voici quelques conseils pratiques :

- **Recherchez votre créneau :** Identifiez des créneaux spécifiques et des sous-niches dans le marché du low content et high content où vous pouvez vous démarquer et répondre aux besoins non satisfaits des lecteurs.

. **Fournissez une valeur ajoutée :** Offrez des produits de haute qualité avec un contenu pertinent et attrayant qui apporte une valeur ajoutée aux lecteurs et les incite à revenir pour plus.

. **Restez agile :** Soyez prêt à ajuster votre stratégie en fonction des tendances du marché et des retours des lecteurs, en expérimentant de nouveaux formats, sujets et designs pour rester pertinent.

. **Construisez une marque solide :** Développez une marque distinctive et reconnaissable autour de vos produits low content et high content, en utilisant une esthétique cohérente et en communiquant de manière claire et convaincante avec votre public.

En suivant ces conseils et en restant à l'affût des opportunités et des défis du marché du low content et high content, vous pouvez maximiser vos chances de succès sur Amazon KDP.

Module Bonus : Ressources et Outils

Bonus 1 : Outils et logiciels utiles

Lorsque vous publiez sur Amazon KDP, avoir accès aux bons outils et logiciels peut grandement faciliter le processus de création, d'édition et de promotion de vos livres. Voici une liste d'outils et de logiciels recommandés, tous disponibles en français, pour vous aider dans votre parcours d'auteur indépendant sur Amazon KDP :

1. Outils de création :

- **Scrivener :**

Scrivener est un logiciel d'écriture complet et polyvalent qui offre aux auteurs un large éventail d'outils pour organiser, structurer et rédiger leurs livres de manière efficace. Conçu spécifiquement pour les écrivains, Scrivener propose une interface conviviale et intuitive, ainsi que des fonctionnalités puissantes pour faciliter le processus d'écriture.

Organisation des idées : Scrivener permet aux auteurs d'organiser leurs idées, leurs recherches et leurs notes dans un seul endroit, ce qui facilite la gestion et la consultation de toutes les informations pertinentes pendant le processus d'écriture. Les auteurs peuvent créer des fiches pour chaque chapitre, section ou personnage, et les organiser selon leur préférence.

Structuration du livre : Avec Scrivener, les auteurs peuvent facilement structurer leur livre en créant des dossiers et des sous-dossiers pour organiser les différents éléments de leur projet. Cela permet de visualiser et de naviguer facilement à travers la structure du livre, ce qui est particulièrement utile lors de la révision et de la réorganisation du contenu.

Rédaction facilitée : Scrivener offre un environnement d'écriture convivial et personnalisable, permettant aux auteurs de se concentrer sur leur travail sans distraction. Les fonctionnalités telles que la prise de notes rapide, la recherche intégrée et la prise en charge de plusieurs formats de fichier facilitent la rédaction et l'organisation du contenu.

Disponibilité en français : Scrivener est disponible en français, ce qui en fait un choix idéal pour les auteurs francophones qui préfèrent travailler dans leur langue maternelle. Cette disponibilité permet aux utilisateurs de bénéficier d'une expérience d'utilisation optimale et de tirer pleinement parti des fonctionnalités du logiciel.

Conclusion : Scrivener est un outil puissant et polyvalent pour les auteurs, offrant une gamme complète de fonctionnalités pour organiser, structurer et rédiger leurs livres de manière efficace. Disponible en français, il est adapté aux besoins des auteurs francophones et constitue une ressource précieuse pour simplifier le processus d'écriture et améliorer la productivité.

- **Google Docs :**

Google Docs est une suite bureautique en ligne proposée par Google, qui comprend un traitement de texte collaboratif parmi d'autres fonctionnalités telles que des feuilles de calcul et des présentations. Il permet aux utilisateurs de créer, éditer et partager des documents en temps réel, ce qui en fait un outil polyvalent pour diverses tâches liées à l'écriture et à la collaboration.

Traitement de texte collaboratif : L'une des principales caractéristiques de Google Docs est son traitement de texte collaboratif, qui permet à plusieurs utilisateurs de travailler simultanément sur un même document, où qu'ils se trouvent. Cette fonctionnalité facilite la collaboration entre les coauteurs, les éditeurs et les relecteurs d'un livre, en leur permettant de contribuer et de commenter en temps réel.

Écriture, édition et partage : Avec Google Docs, les auteurs peuvent écrire et éditer leur livre directement dans le navigateur Web, sans avoir besoin de logiciel supplémentaire. Ils peuvent également partager leur document avec d'autres personnes en leur accordant des autorisations d'accès spécifiques, ce qui permet à chacun de contribuer selon son rôle dans le processus d'écriture.

Travail en équipe : Google Docs est un outil idéal pour travailler en équipe sur un livre, car il permet une collaboration transparente et efficace entre les membres de l'équipe, même s'ils sont à distance. Les auteurs peuvent partager des idées, discuter des changements et suivre les révisions en temps réel, ce qui facilite la coordination et la communication tout au long du processus d'écriture.

Conclusion : Google Docs est un outil puissant pour les auteurs qui souhaitent travailler en équipe sur leur livre. Avec son traitement de texte collaboratif, son accessibilité en ligne et sa facilité de partage, il offre une plateforme flexible et efficace pour la rédaction, l'édition et la collaboration, ce qui en fait un choix populaire parmi les auteurs travaillant à plusieurs.

- **Canva :**

Canva est une plateforme de conception graphique en ligne qui offre aux utilisateurs la possibilité de créer une variété de supports visuels, y compris des couvertures de livres, des images promotionnelles, des infographies, des publications sur les réseaux sociaux et bien plus encore. Avec son interface intuitive et ses fonctionnalités conviviales, Canva est largement utilisé par les auteurs pour créer des éléments visuels attrayants pour leurs livres.

Conception de couvertures de livre : Canva propose une gamme de modèles prêts à l'emploi spécifiquement conçus pour les couvertures de livres. Les utilisateurs peuvent choisir parmi une variété de mises en page, de styles de texte, d'images et de graphiques pour créer une couverture personnalisée qui correspond à l'esthétique de leur livre et attire l'attention des lecteurs potentiels.

Images promotionnelles : En plus des couvertures de livres, Canva permet également aux auteurs de créer des images promotionnelles pour leur livre, telles que des bannières publicitaires, des annonces sur les réseaux sociaux, des images pour les articles de blog, etc. Ces éléments visuels peuvent être utilisés pour promouvoir le livre sur diverses plateformes en ligne et hors ligne.

Disponibilité en français : Canva est disponible en français, ce qui en fait un outil accessible aux auteurs francophones qui préfèrent travailler dans leur langue maternelle. Cette disponibilité facilite l'utilisation de la plateforme et permet aux utilisateurs de naviguer et de créer des designs avec facilité.

Conclusion : Canva est un outil précieux pour les auteurs qui cherchent à créer des éléments visuels attrayants pour leurs livres. Avec sa facilité d'utilisation, sa variété de modèles et sa disponibilité en français, il offre une solution pratique et efficace pour concevoir des couvertures de livres et des images promotionnelles qui attirent l'attention des lecteurs et renforcent la visibilité du livre sur le marché.

2. Outils d'édition :

- **Antidote :**

Antidote est un logiciel complet d'aide à la rédaction et à la correction développé par Druide Informatique. Il est largement utilisé par les écrivains, les rédacteurs et les professionnels de la langue pour améliorer la qualité de leurs écrits en offrant une gamme complète de fonctionnalités de vérification et de correction.

Vérification orthographique, grammaticale et typographique : Antidote propose une vérification avancée de l'orthographe, de la grammaire et de la typographie dans les textes. Il identifie les fautes courantes telles que les erreurs d'orthographe, les accords incorrects, les erreurs de ponctuation et les problèmes de typographie, aidant ainsi les utilisateurs à produire des écrits impeccables et professionnels.

Explications détaillées : En plus de la correction automatique des erreurs, Antidote offre des explications détaillées pour chaque suggestion de correction. Ces explications fournissent une compréhension approfondie des règles grammaticales et orthographiques, permettant aux utilisateurs d'apprendre et de progresser dans leur maîtrise de la langue française.

Utilité pour les écrivains : Pour les écrivains, Antidote est un outil précieux qui contribue à améliorer la qualité de leur écriture en détectant et en corrigeant les erreurs linguistiques. Il permet de polir les manuscrits et de les rendre prêts pour la publication, aidant ainsi les auteurs à présenter leur travail sous son meilleur jour.

Conclusion : Antidote est un outil indispensable pour les écrivains qui souhaitent perfectionner leur écriture en français. Avec ses fonctionnalités avancées de vérification et de correction, ainsi que ses explications détaillées, il aide les auteurs à produire des textes impeccables et professionnels, renforçant ainsi la qualité de leurs livres et leur crédibilité en tant qu'écrivains.

- **Reverso :**

Reverso est une plateforme en ligne offrant une variété d'outils linguistiques pour les écrivains et les professionnels de la langue. Elle est réputée pour ses services de traduction, de correction orthographique et de suggestion de synonymes, aidant ainsi les utilisateurs à améliorer la qualité et la clarté de leurs écrits en français.

Traductions : Reverso propose un service de traduction en ligne qui permet aux utilisateurs de traduire des mots, des phrases et des textes entiers dans différentes langues, y compris le français. Cette fonctionnalité est utile pour les auteurs travaillant avec des textes dans des langues étrangères ou pour ceux qui souhaitent élargir leur public en traduisant leurs œuvres dans d'autres langues.

Corrections orthographiques : Reverso offre également un correcteur orthographique en ligne qui identifie et corrige les fautes d'orthographe dans les textes français. Cette fonctionnalité est essentielle pour garantir la qualité et la précision de l'écriture, aidant les auteurs à produire des textes impeccables et professionnels.

Suggestions de synonymes : En plus de la traduction et de la correction orthographique, Reverso propose des suggestions de synonymes pour aider les utilisateurs à enrichir leur vocabulaire et à éviter les répétitions dans leurs écrits. Cette fonctionnalité est particulièrement utile pour les écrivains qui cherchent à diversifier leur style et à rendre leurs textes plus dynamiques.

Utilité pour les écrivains : Reverso est un outil précieux pour les écrivains qui souhaitent améliorer la qualité et la clarté de leurs écrits en français. Grâce à ses fonctionnalités de traduction, de correction orthographique et de suggestion de synonymes, il aide les auteurs à perfectionner leur travail et à produire des textes professionnels et convaincants.

Conclusion : Reverso est une ressource inestimable pour les écrivains français, offrant une gamme d'outils linguistiques pour améliorer la qualité et la clarté de leurs écrits. Avec ses services de traduction, de correction orthographique et de suggestion de synonymes, il contribue à renforcer la qualité des livres et la crédibilité des auteurs.

- **BonPatron :**

BonPatron est un correcteur grammatical en ligne conçu pour aider les utilisateurs à améliorer la qualité de leur écriture en français. Il offre une gamme de fonctionnalités pour détecter et corriger les fautes de grammaire et d'orthographe, ce qui en fait un outil précieux pour les écrivains, les étudiants et les professionnels de la langue.

Correction grammaticale : BonPatron analyse le texte fourni par l'utilisateur et identifie les erreurs grammaticales, telles que les accords de verbe, les conjugaisons incorrectes et les erreurs de syntaxe. Il propose ensuite des suggestions de correction pour aider l'utilisateur à améliorer la clarté et la précision de son écriture.

Correction orthographique : En plus de la correction grammaticale, BonPatron vérifie également l'orthographe des mots dans le texte et signale les erreurs d'orthographe courantes. Cela permet à l'utilisateur de corriger rapidement les fautes de frappe et les erreurs orthographiques qui pourraient affecter la lisibilité de son écriture.

Interface conviviale : BonPatron offre une interface conviviale et intuitive, ce qui le rend facile à utiliser même pour les utilisateurs novices. Il suffit de copier et coller le texte dans la fenêtre de correction, et BonPatron analyse automatiquement le texte et propose des suggestions de correction.

Utilité pour les écrivains : BonPatron est un outil précieux pour les écrivains qui cherchent à améliorer la qualité de leur écriture en français. En détectant et en corrigeant les erreurs grammaticales et orthographiques, il aide les auteurs à produire des textes clairs, précis et professionnels.

Conclusion : BonPatron est un correcteur grammatical en ligne efficace et facile à utiliser, idéal pour les écrivains qui cherchent à améliorer la qualité de leur écriture en français. Avec ses fonctionnalités de correction grammaticale et orthographique, il aide les utilisateurs à éviter les erreurs courantes et à produire des textes impeccables.

3. Outils de promotion :

- **BookBub :**

BookBub est une plateforme de promotion de livres qui offre aux auteurs la possibilité de promouvoir leurs livres auprès d'une audience de lecteurs passionnés. Fondée en 2012, BookBub est devenue l'une des principales plateformes de promotion pour les auteurs indépendants et les maisons d'édition.

Promotion de livres : BookBub permet aux auteurs de promouvoir leurs livres de différentes manières, notamment via des annonces sponsorisées, des offres spéciales et des recommandations personnalisées. Les auteurs peuvent cibler des lecteurs spécifiques en fonction de leurs préférences de lecture, de leurs genres préférés et de leurs habitudes d'achat.

Audience ciblée : L'un des principaux avantages de BookBub est sa capacité à cibler des lecteurs spécifiques et à offrir une visibilité accrue aux livres qui correspondent à leurs intérêts. Les auteurs peuvent choisir parmi une gamme d'options de ciblage pour s'assurer que leur livre atteint le bon public et génère un maximum d'engagement.

Visibilité accrue : En utilisant BookBub pour promouvoir leurs livres, les auteurs peuvent bénéficier d'une visibilité accrue sur la plateforme, ce qui peut se traduire par une augmentation des ventes, des téléchargements et des avis. Les offres promotionnelles et les recommandations personnalisées contribuent à attirer l'attention des lecteurs et à générer de l'intérêt pour les livres promus.

Conclusion : BookBub est une plateforme de promotion de livres puissante et efficace qui offre aux auteurs la possibilité d'atteindre une audience ciblée et de bénéficier d'une visibilité accrue pour leurs livres. En utilisant les outils de ciblage et de promotion disponibles sur BookBub, les auteurs peuvent augmenter leurs ventes, élargir leur lectorat et renforcer leur présence sur le marché de l'édition.

- **Amazon Ads :**

Amazon Ads est le programme de publicité payante d'Amazon qui permet aux auteurs et aux éditeurs de promouvoir leurs livres directement sur la plateforme Amazon. Ce programme offre aux auteurs la possibilité de créer des annonces ciblées pour atteindre les lecteurs potentiels et augmenter les ventes de leurs livres.

Publicité ciblée : Avec Amazon Ads, les auteurs peuvent cibler spécifiquement les lecteurs intéressés par leur genre ou leur niche littéraire. Ils peuvent définir des critères de ciblage précis tels que l'âge, le sexe, les centres d'intérêt et les habitudes d'achat des lecteurs pour maximiser l'efficacité de leurs annonces.

Formats d'annonces : Amazon Ads propose différents formats d'annonces, y compris des annonces sponsorisées qui apparaissent dans les résultats de recherche et sur les pages de détail des produits, ainsi que des annonces display qui sont affichées sur d'autres sites web partenaires d'Amazon.

Optimisation des campagnes : Les auteurs peuvent suivre les performances de leurs campagnes publicitaires à l'aide des outils d'analyse fournis par Amazon Ads. Ils peuvent ajuster leurs stratégies de publicité en fonction des données recueillies pour optimiser leurs campagnes et maximiser leur retour sur investissement.

Avantages : Amazon Ads offre aux auteurs un moyen efficace de promouvoir leurs livres auprès d'une audience ciblée sur la plateforme la plus importante de vente de livres en ligne. En utilisant les outils de ciblage avancés et les options de suivi des performances, les auteurs peuvent augmenter la visibilité de leurs livres et atteindre un plus large public de lecteurs potentiels.

Conclusion : Amazon Ads est un outil puissant pour les auteurs qui souhaitent promouvoir leurs livres et augmenter leurs ventes sur la plateforme Amazon. Grâce à ses fonctionnalités de ciblage avancées et à son accès à une large audience de lecteurs, Amazon Ads offre aux auteurs la possibilité de maximiser leur visibilité et leur succès sur le marché de l'édition en ligne.

- **Goodreads :**

Goodreads est un réseau social axé sur les livres qui offre aux auteurs une plateforme pour interagir avec des lecteurs du monde entier. En créant un profil d'auteur sur Goodreads, vous pouvez mettre en avant vos livres, partager des extraits, des avis et des recommandations avec les lecteurs, et participer à des discussions autour de la littérature.

Création d'un profil d'auteur : Sur Goodreads, les auteurs peuvent créer un profil dédié où ils peuvent présenter leur biographie, télécharger des photos et des vidéos, et ajouter des informations sur leurs livres publiés. Cela permet aux lecteurs de découvrir l'auteur derrière les livres et de mieux comprendre son travail.

Interaction avec les lecteurs : Goodreads offre aux auteurs la possibilité d'interagir directement avec les lecteurs en répondant à leurs questions, en participant à des discussions et en organisant des séances de questions-réponses. Cette interaction personnelle renforce le lien entre l'auteur et ses lecteurs et favorise l'engagement autour des livres.

Promotion des livres : En utilisant Goodreads, les auteurs peuvent promouvoir leurs livres auprès d'une communauté passionnée de lecteurs. Ils peuvent organiser des concours, des séances de dédicaces virtuelles et des événements spéciaux pour attirer l'attention sur leurs livres et encourager les lecteurs à les découvrir.

Avantages pour les auteurs francophones : Goodreads compte une large communauté de lecteurs francophones, ce qui en fait une plateforme idéale pour les auteurs qui écrivent en français ou qui souhaitent toucher un public francophone. En interagissant avec cette communauté active, les auteurs peuvent augmenter la visibilité de leurs livres et établir des liens précieux avec leurs lecteurs.

Conclusion : Goodreads offre aux auteurs une plateforme puissante pour promouvoir leurs livres, interagir avec les lecteurs et élargir leur audience. En créant un profil d'auteur et en participant activement à la communauté, les auteurs peuvent renforcer leur présence en ligne, accroître leur visibilité et fidéliser leur lectorat.

En utilisant ces outils et logiciels disponibles en français, vous pouvez améliorer la qualité de vos livres, optimiser votre processus d'écriture et de publication, et promouvoir efficacement vos livres sur Amazon KDP. Que vous soyez débutant ou expérimenté, ces ressources peuvent vous aider à réussir en tant qu'auteur indépendant et à atteindre vos objectifs littéraires dans la langue de Molière.

Bonus 2 : Communauté en ligne et groupes de soutien

Trouver une communauté en ligne et rejoindre des groupes de soutien peut être extrêmement bénéfique pour les auteurs publiant sur Amazon KDP. Voici quelques recommandations de communautés en ligne et de groupes de soutien francophones pour les auteurs KDP :

Les Auteurs Indépendants Francophones (AIF) :

Les Auteurs Indépendants Francophones sont une communauté en ligne regroupant des auteurs francophones qui écrivent et publient leurs livres de manière indépendante. Cette communauté vise à offrir un espace d'échange, de soutien et de partage entre les auteurs indépendants de tous niveaux d'expérience.

Site web et groupe Facebook : Les Auteurs Indépendants Francophones disposent d'un site web ainsi que d'un groupe Facebook dédié à la discussion et à l'entraide entre les membres de la communauté. Ces plateformes permettent aux auteurs de poser des questions, de partager leurs expériences et de trouver des conseils pratiques sur l'auto-édition, la promotion de leurs livres et d'autres aspects liés à leur parcours d'auteur indépendant.

Échange et partage : Les Auteurs Indépendants Francophones encouragent l'échange d'informations et le partage d'expériences entre les membres de la communauté. Les auteurs peuvent poser des questions sur des sujets spécifiques, partager leurs réussites et leurs défis, et bénéficier des conseils et de l'expérience des autres membres pour progresser dans leur parcours d'auto-édition.

Soutien et encouragement : En rejoignant les Auteurs Indépendants Francophones, les auteurs ont accès à un réseau de soutien et d'encouragement composé de pairs partageant les mêmes intérêts et objectifs. Cette communauté offre un espace sécurisé où les auteurs peuvent trouver du soutien moral, des conseils pratiques et des ressources utiles pour les aider à surmonter les obstacles et à réussir dans leur parcours d'auteur indépendant.

Conclusion : Les Auteurs Indépendants Francophones constituent une ressource précieuse pour les auteurs francophones qui cherchent à s'engager dans l'auto-édition. En offrant un espace d'échange, de soutien et de partage, cette communauté contribue à renforcer la solidarité entre les auteurs indépendants et à favoriser leur réussite dans le monde de l'édition.

Club Positif des Auteurs Francophones (CPAF) :

Ce groupe Facebook est dédié aux auteurs francophones qui veulent s'entraider, se soutenir et partager leurs succès dans le monde de l'auto-édition. C'est un endroit idéal pour poser des questions et obtenir des conseils pratiques.

Forum Auteurs :

Ce forum en ligne rassemble une communauté d'auteurs francophones où vous pouvez discuter de tous les aspects de l'écriture et de l'auto-édition. Vous pouvez poser des questions, partager vos réalisations et échanger des conseils avec d'autres auteurs.

Groupe Amazon KDP Francophone :

Ce groupe Facebook est spécifiquement dédié aux auteurs francophones publiant sur Amazon KDP. Vous y trouverez des discussions sur les stratégies de publication, les promotions et les dernières actualités liées à l'auto-édition sur Amazon.

Communauté Reddit /r/Ecrire :

Bien que principalement axée sur l'écriture en général, cette communauté Reddit offre également un espace pour discuter de l'auto-édition et des défis spécifiques rencontrés par les auteurs francophones.

Rejoindre ces communautés en ligne et groupes de soutien vous permettra de vous connecter avec d'autres auteurs partageant les mêmes intérêts, d'apprendre de leur expérience et de bénéficier du soutien mutuel dans votre parcours d'auto-édition sur Amazon KDP. N'hésitez pas à participer activement aux discussions, à poser des questions et à partager vos propres conseils et réussites pour enrichir la communauté.

Créer un livre Kindle pas à pas :

Voici un guide pas à pas détaillé pour créer un livre Kindle :

Étape 1 : Préparation du contenu

1. Écrire votre livre : Commencez par rédiger votre livre dans un logiciel de traitement de texte tel que Microsoft Word. Assurez-vous de suivre les meilleures pratiques de formatage, notamment en utilisant des polices sans sérif, des sauts de ligne entre les paragraphes et une taille de police adaptée.

2. Édition et révision : Une fois votre premier brouillon terminé, révisez et éditez attentivement votre texte pour corriger les erreurs grammaticales, orthographiques et de style. Vous pouvez également faire appel à un éditeur professionnel pour une révision plus approfondie.

3. Création de la table des matières : Si votre livre comporte plusieurs chapitres, créez une table des matières active dans votre document Word pour permettre aux lecteurs de naviguer facilement dans votre livre sur Kindle.

Étape 2 : Conversion du livre au format Kindle

1. Enregistrement au format .doc ou .docx : Une fois que votre livre est prêt, enregistrez-le au format .doc ou .docx pour assurer une compatibilité maximale avec la plateforme Kindle.

2. Conversion en format Kindle : Connectez-vous à votre compte Amazon KDP (Kindle Direct Publishing) et créez un nouveau titre. Suivez les instructions pour télécharger votre fichier .doc ou .docx et utilisez l'outil de conversion automatique de KDP pour le convertir en format Kindle.

3. Prévisualisation et révision : Après la conversion, utilisez l'outil de prévisualisation Kindle disponible dans KDP pour vérifier à quoi ressemblera votre livre sur différents appareils Kindle. Parcourez attentivement chaque page pour vous assurer que le formatage est correct et que les images sont bien rendues.

Étape 3 : Configuration des détails du livre sur KDP

1 Ajout des détails du livre : Remplissez les informations requises telles que le titre, l'auteur, la description, les mots-clés et les catégories de votre livre. Ces informations aideront les lecteurs à trouver et à découvrir votre livre sur Amazon.

2. Sélection de la couverture : Téléchargez une couverture de livre professionnelle au format JPEG ou TIFF. Assurez-vous que la couverture répond aux spécifications de taille et de qualité d'Amazon et qu'elle reflète le contenu et le style de votre livre.

3. Définition du prix : Fixez le prix de votre livre en fonction de votre stratégie de tarification et de vos objectifs de vente. Vous pouvez choisir un prix fixe ou participer au programme KDP Select pour bénéficier de promotions spéciales.

Étape 4 : Publication et distribution

1. Validation et publication : Une fois que tous les détails sont configurés et que vous êtes satisfait de la prévisualisation de votre livre, soumettez-le pour validation et publication sur Amazon. Votre livre sera examiné pour s'assurer qu'il respecte les directives de contenu et de formatage d'Amazon.

2. Distribution mondiale : Une fois votre livre publié, il sera disponible à l'achat sur Amazon dans le monde entier, ainsi que sur d'autres marchés internationaux via les sites Amazon locaux.

Étape 5 : Suivi et promotion

1. Suivi des ventes et des performances : Utilisez le tableau de bord KDP pour suivre les ventes de votre livre, les redevances gagnées et d'autres métriques de performance. Utilisez ces données pour ajuster votre stratégie de promotion et de tarification.

2. Promotion et marketing : Explorez différentes stratégies de promotion telles que la publicité sur Amazon, les promotions croisées avec d'autres auteurs, la participation à des événements littéraires et la promotion sur les réseaux sociaux pour attirer l'attention des lecteurs sur votre livre.

En suivant ces étapes pas à pas, vous pouvez créer, publier et promouvoir efficacement votre livre sur Kindle, en maximisant sa visibilité et ses chances de succès sur la plateforme Amazon.

Glossaire :

Auto-édition : Le processus par lequel un auteur publie et distribue son propre livre, sans passer par une maison d'édition traditionnelle.

KDP (Kindle Direct Publishing) : La plateforme de publication en ligne d'Amazon qui permet aux auteurs d'auto-éditer et de distribuer leurs livres au format Kindle, ainsi que sous d'autres formats comme les livres brochés et les livres audio.

Métadonnées : Les informations structurées qui décrivent et identifient un livre, telles que le titre, l'auteur, la description, les mots-clés, les catégories, etc., et qui sont utilisées pour référencer et promouvoir le livre en ligne.

Couverture de livre : L'image de devant d'un livre, souvent conçue pour attirer l'attention des lecteurs et refléter le contenu et le style du livre.

Narrateur : La personne chargée d'enregistrer la version audio d'un livre, généralement un professionnel de la voix.

Audible : La plateforme de livres audio d'Amazon, où les auditeurs peuvent acheter et télécharger des livres audios.

ACX (Audiobook Creation Exchange) : La plateforme d'Amazon permettant aux auteurs et aux éditeurs de trouver des narrateurs et de publier des livres audios sur Audible.

Révisions : Les modifications apportées à un livre pour améliorer sa qualité, sa précision ou son attrait.

Optimisation des mots-clés : Le processus d'identification et d'utilisation de mots-clés pertinents dans les métadonnées d'un livre afin d'améliorer sa visibilité et son classement dans les résultats de recherche.

Taux de redevance : Le pourcentage des ventes de livre que l'auteur reçoit en tant que compensation pour chaque vente, généralement déterminé par le prix de vente du livre et le programme de redevance choisi.

Promotion croisée : La collaboration entre deux auteurs ou entre un auteur et un influenceur pour promouvoir mutuellement leurs livres auprès de leurs audiences respectives.

Cliffhanger : Une fin de chapitre ou de livre conçue pour susciter l'excitation ou la tension chez le lecteur en laissant une situation incertaine ou un suspense non résolu.

Communauté d'auteurs : Un groupe d'écrivains qui se soutiennent mutuellement, partagent des conseils, des ressources et des expériences liées à l'écriture et à la publication.

Tendances de vente : Les modèles ou les schémas observés dans les ventes de livres, tels que les hausses saisonnières, les événements culturels ou les modes littéraires, qui peuvent influencer les décisions de publication et de promotion d'un auteur.

Plateforme de médias sociaux : Les sites web et les applications conçus pour permettre aux utilisateurs de créer et de partager du contenu avec d'autres utilisateurs, comme Facebook, Twitter, Instagram, etc.

Foire aux questions :

Qu'est-ce que Amazon KDP ? Amazon KDP (Kindle Direct Publishing) est une plateforme d'auto-édition qui permet aux auteurs de publier leurs livres au format numérique et papier sur Amazon.

Combien cela coûte-t-il de publier un livre sur Amazon KDP ? La publication d'un livre sur Amazon KDP est gratuite. Vous ne payez que lorsque vous vendez des exemplaires de votre livre et Amazon prélève une commission sur chaque vente.

Quels types de livres puis-je publier sur Amazon KDP ? Vous pouvez publier une large gamme de livres, y compris des romans, des essais, des livres pour enfants, des guides pratiques, des livres de cuisine, et plus encore, tant qu'ils respectent les directives de contenu d'Amazon.

Comment puis-je recevoir des paiements pour mes ventes sur Amazon KDP ? Amazon KDP offre plusieurs options de paiement, y compris par virement bancaire ou par chèque. Vous pouvez configurer vos informations de paiement dans votre compte KDP.

Dois-je posséder les droits d'auteur de mon livre pour le publier sur Amazon KDP ? Oui, vous devez avoir les droits d'auteur de votre livre ou avoir l'autorisation de les publier avant de le mettre en vente sur Amazon KDP.

Puis-je publier mon livre sur d'autres plateformes en plus d'Amazon KDP ? Oui, vous pouvez choisir de publier votre livre sur d'autres plateformes en plus d'Amazon KDP, mais si vous choisissez le programme KDP Select, vous devrez distribuer exclusivement votre livre via Amazon pendant une période déterminée.

Combien de temps faut-il pour que mon livre soit disponible à la vente sur Amazon après l'avoir publié sur KDP ? Généralement, votre livre sera disponible à la vente sur Amazon dans les 24 à 48 heures suivant sa publication sur KDP.

Puis-je modifier mon livre une fois qu'il est publié sur Amazon KDP ? Oui, vous pouvez apporter des modifications à votre livre après sa publication sur Amazon KDP. Vous pouvez mettre à jour le contenu, la couverture, les métadonnées et d'autres détails de votre livre à tout moment.

Amazon KDP propose-t-il des outils de promotion pour les auteurs ? Oui, Amazon KDP propose des outils de promotion tels que les promotions Kindle Countdown Deals, les offres flash, et les annonces sponsorisées pour aider les auteurs à promouvoir leurs livres et à augmenter leurs ventes.

Dois-je posséder un ISBN pour publier mon livre sur Amazon KDP ? Non, Amazon KDP fournit gratuitement des ISBN pour les livres imprimés et numériques publiés sur leur plateforme.

Quels sont les formats de fichier pris en charge pour les livres numériques sur Amazon KDP ? Les formats de fichier pris en charge pour les livres numériques sur Amazon KDP sont le format Kindle (MOBI) et le format EPUB.

Puis-je publier un livre écrit dans une autre langue que l'anglais sur Amazon KDP ? Oui, vous pouvez publier des livres dans de nombreuses langues différentes sur Amazon KDP, mais assurez-vous de respecter les exigences de langue et de contenu d'Amazon.

Puis-je suivre mes ventes et mes redevances sur Amazon KDP ? Oui, vous pouvez suivre vos ventes et vos redevances en temps réel à partir de votre tableau de bord Amazon KDP.

Existe-t-il des restrictions de prix pour les livres publiés sur Amazon KDP ? Il n'y a pas de restriction de prix minimale pour les livres numériques sur Amazon KDP, mais il y a une limite supérieure pour le prix de vente.

Comment puis-je protéger les droits d'auteur de mon livre publié sur Amazon KDP ? Les droits d'auteur de votre livre sont automatiquement protégés dès sa publication sur Amazon KDP. Vous pouvez également choisir d'activer la gestion des droits numériques (DRM) pour votre livre numérique.

Dois-je posséder un compte bancaire pour recevoir des paiements sur Amazon KDP ? Oui, vous devez avoir un compte bancaire valide pour recevoir des paiements sur Amazon KDP.

Puis-je offrir mon livre en précommande sur Amazon KDP ? Oui, Amazon KDP permet aux auteurs d'offrir leurs livres en précommande jusqu'à 90 jours avant la date de publication prévue.

Quels sont les avantages de rejoindre le programme KDP Select sur Amazon KDP ? Le programme KDP Select offre des avantages tels que la possibilité de proposer votre livre en location aux abonnés Kindle Unlimited et la participation à des promotions exclusives sur Amazon.

Quelles sont les exigences de qualité pour les livres imprimés sur Amazon KDP ? Les livres imprimés sur Amazon KDP doivent respecter certaines normes de qualité en ce qui concerne la mise en page, la couverture, la résolution des images, etc. Vous pouvez trouver ces exigences détaillées sur le site web d'Amazon KDP.

Comment puis-je contacter le support client d'Amazon KDP en cas de problème ? Vous pouvez contacter le support client d'Amazon KDP via leur site web en soumettant une demande d'assistance ou en utilisant les options de support disponibles dans votre compte KDP.

Droits d'auteur

Objectif : Comprendre les aspects juridiques et les droits d'auteur associés à la publication de votre livre sur Amazon KDP.

7.1 Introduction aux droits d'auteur

Les droits d'auteur constituent le fondement juridique de la protection de la propriété intellectuelle et jouent un rôle essentiel dans le domaine de l'édition. Cette section introductive du module se penche sur les bases des droits d'auteur, leur signification pour les auteurs et les différentes lois régissant ces droits dans diverses juridictions.

Définition des droits d'auteur : Les droits d'auteur sont des droits légaux accordés aux créateurs d'œuvres originales, leur permettant de contrôler l'utilisation et la distribution de leurs créations. Ils englobent une gamme variée de travaux, notamment les livres, les articles, les peintures, les compositions musicales, les films et les logiciels. Les droits d'auteur garantissent aux auteurs le droit exclusif de reproduire, distribuer, exécuter, afficher et modifier leurs œuvres.

Importance pour les auteurs : Pour les auteurs, les droits d'auteur sont essentiels pour protéger leur travail contre la copie non autorisée et garantir qu'ils bénéficient des avantages financiers de leur création intellectuelle. Ils offrent une reconnaissance légale et une rémunération équitable pour le temps, l'effort et la créativité investis dans la production d'un livre. En comprenant et en respectant les droits d'auteur, les auteurs peuvent sécuriser leur propriété intellectuelle et défendre leurs intérêts commerciaux.

Lois et réglementations : Les lois sur les droits d'auteur varient d'un pays à l'autre, mais sont généralement régies par des traités internationaux tels que la Convention de Berne pour la protection des œuvres littéraires et artistiques. Ces lois établissent les principes fondamentaux de la protection des droits d'auteur, y compris la durée de protection, les droits exclusifs accordés aux auteurs et les exceptions permettant un usage équitable. En comprenant les lois et réglementations applicables à leur travail, les auteurs peuvent prendre des décisions éclairées sur la façon de protéger et de gérer leurs droits d'auteur.

Cette introduction aux droits d'auteur fournit un aperçu des concepts clés et de leur importance pour les auteurs. Dans les sections suivantes, nous explorerons en détail les différentes facettes des droits d'auteur et les meilleures pratiques pour les gérer dans le cadre de la publication de votre livre sur Amazon KDP.

7.2 Acquisition et gestion des droits

Dans cette partie du module, nous aborderons en détail le processus d'acquisition et de gestion des droits d'auteur pour votre livre. Comprendre ces aspects est crucial pour s'assurer que vous respectez les lois et réglementations en vigueur et que vous maximisez les opportunités de distribution de votre œuvre.

Processus d'acquisition des droits d'auteur :

1. Droits de reproduction : L'acquisition des droits de reproduction vous donne le droit de reproduire votre livre sous forme imprimée ou numérique. Si vous êtes l'auteur original, vous possédez automatiquement les droits de reproduction sur votre travail. Cependant, si votre livre contient du contenu tiers, tel que des images, des citations ou des extraits de texte, vous devrez obtenir l'autorisation de leurs propriétaires pour les reproduire.

2. Droits de distribution : Les droits de distribution vous permettent de mettre votre livre à la disposition du public. Si vous publiez votre livre sur Amazon KDP, vous conservez les droits de distribution numérique et pouvez choisir les territoires où vous souhaitez rendre votre livre disponible. Si vous envisagez une distribution physique dans les librairies ou les points de vente traditionnels, vous devrez peut-être négocier des accords de distribution supplémentaires.

3. Droits de traduction : Si vous souhaitez traduire votre livre dans d'autres langues pour atteindre un public plus large, vous devrez obtenir les droits de traduction. Cela implique souvent de conclure des accords avec des traducteurs professionnels ou des maisons d'édition étrangères pour réaliser les traductions et gérer les droits de distribution dans ces régions.

Stratégies pour gérer efficacement les droits d'auteur et les licences :

1. Documentation et suivi : Tenez des dossiers détaillés de tous les accords de droits d'auteur et de licences que vous concluez. Cela comprend les contrats, les autorisations écrites et les correspondances par e-mail avec les titulaires de droits. Un suivi précis vous aidera à éviter les litiges potentiels et à garantir que vous respectez tous les accords.

2. Négociation équitable : Lors de la négociation des droits d'auteur, assurez-vous de rechercher des conditions équitables et avantageuses pour toutes les parties impliquées. Cela peut inclure des redevances justes, des durées de contrat raisonnables et des clauses de résiliation équitables.

3. Protection de la propriété intellectuelle : Veillez à ce que votre travail soit protégé contre le plagiat et l'utilisation non autorisée en enregistrant vos droits d'auteur auprès des organismes compétents et en incluant des mentions de droits d'auteur claires dans votre livre.

En suivant ces stratégies et en comprenant le processus d'acquisition et de gestion des droits d'auteur, vous pouvez protéger votre travail et maximiser ses opportunités de distribution et de succès sur Amazon KDP et au-delà.

7.3 Protection des droits d'auteur

Dans cette section, nous explorerons les mesures que vous pouvez prendre pour protéger efficacement vos droits d'auteur, ainsi que l'importance d'utiliser le symbole de droit d'auteur et des mentions légales appropriées sur votre livre.

Mesures pour protéger vos droits d'auteur :

1. Enregistrement auprès des organismes compétents : Bien que les droits d'auteur soient automatiquement attribués à l'auteur dès la création de l'œuvre, l'enregistrement officiel auprès des organismes compétents offre une protection juridique supplémentaire. Aux États-Unis, par exemple, vous pouvez enregistrer vos droits d'auteur auprès du U.S. Copyright Office. Cette démarche vous donne une preuve tangible de votre propriété intellectuelle et renforce votre position en cas de litige.

2. Utilisation du symbole de droit d'auteur (©) : Apposer le symbole de droit d'auteur sur votre livre indique clairement que l'œuvre est protégée par le droit d'auteur. Cela dissuade les autres de reproduire ou de distribuer votre travail sans autorisation. Placez ce symbole suivant du nom de l'auteur et de l'année de publication sur la page de droits d'auteur de votre livre.

3. Mentions légales appropriées : En plus du symbole de droit d'auteur, incluez des mentions légales appropriées sur votre livre pour clarifier vos droits et conditions d'utilisation. Cela peut inclure une déclaration de propriété intellectuelle, des informations sur les droits de reproduction, de distribution et de traduction, ainsi que des dispositions concernant les limitations de responsabilité et les droits réservés.

Utilisation du symbole de droit d'auteur et des mentions légales :

1. Page de droits d'auteur : Créez une page de droits d'auteur distincte à l'avant de votre livre où vous inclurez le symbole de droit d'auteur, votre nom en tant qu'auteur, la date de publication et toutes les mentions légales nécessaires. Assurez-vous que cette page est claire et facilement accessible pour les lecteurs.

2. Placement approprié : Veillez à ce que le symbole de droit d'auteur et les mentions légales soient placés de manière visible et bien en vue. Vous pouvez également choisir d'inclure ces informations à la fois sur la couverture et à l'intérieur du livre pour une protection maximale.

En prenant ces mesures pour protéger vos droits d'auteur et en utilisant le symbole de droit d'auteur et des mentions légales appropriées, vous renforcez la sécurité de votre œuvre et vous vous assurez que vos droits sont clairement définis et respectés.

7.4 Infractions aux droits d'auteur

Dans cette section, nous aborderons la reconnaissance des violations potentielles des droits d'auteur et les mesures à prendre en cas d'infraction, ainsi que les options de recours disponibles.

Reconnaissance des violations potentielles des droits d'auteur :

1. Surveillance en ligne : Utilisez des outils de surveillance en ligne pour suivre l'utilisation de votre contenu. Les services de surveillance des droits d'auteur peuvent vous alerter en cas d'utilisation non autorisée de votre travail sur Internet, y compris sur les sites Web, les réseaux sociaux et les plateformes de vente en ligne.

1. Veille concurrentielle : Surveillez les nouveaux livres ou contenus publiés dans votre domaine pour détecter toute utilisation non autorisée de votre propriété intellectuelle. Restez à l'affût des signes de plagiat, de copie ou de reproduction illicite de votre travail.

2. Signalement par les lecteurs : Restez à l'écoute des signalements des lecteurs concernant toute utilisation abusive ou non autorisée de votre contenu. Les lecteurs peuvent parfois repérer des cas d'infraction avant vous et vous alerter sur les plateformes où votre travail est diffusé.

Mesures à prendre en cas d'infraction :

1. Contact direct : Si vous identifiez une infraction aux droits d'auteur, envisagez de contacter directement la personne ou l'entité responsable de l'infraction. Vous pouvez leur demander de retirer immédiatement le contenu litigieux ou de prendre les mesures nécessaires pour rectifier la situation.

2. Notification aux plateformes : Signalez l'infraction aux plateformes où le contenu contrefait est diffusé. De nombreuses plateformes ont des procédures en place pour traiter les réclamations de violation des droits d'auteur et peuvent retirer le contenu illicite ou prendre d'autres mesures appropriées.

3. Consultation juridique : Si nécessaire, consultez un avocat spécialisé en droit d'auteur pour obtenir des conseils sur les prochaines étapes à suivre. Ils peuvent vous aider à évaluer vos options de recours juridiques et à engager des poursuites judiciaires si nécessaire.

Options de recours disponibles :

1.Retrait du contenu : Demandez le retrait immédiat du contenu contrefait des plateformes où il est diffusé.

2. Compensation financière : Si vos droits d'auteur ont été violés et que vous avez subi des pertes financières, envisagez de demander une compensation financière pour les dommages subis.

3. Injonction : Demandez une injonction pour empêcher la poursuite de l'infraction aux droits d'auteur.

En reconnaissant rapidement les violations potentielles des droits d'auteur, en prenant des mesures décisives en cas d'infraction et en explorant les options de recours disponibles, vous pouvez protéger efficacement votre propriété intellectuelle et faire respecter vos droits en tant qu'auteur.

7.5 Contrats d'édition et accords de licence

Dans cette section, nous aborderons l'importance de lire attentivement et de comprendre les contrats d'édition et les accords de licence, ainsi que des conseils pour négocier des contrats équitables avec les éditeurs et les détenteurs de droits.

Importance de lire attentivement et de comprendre les contrats :

1. Protection des droits : Les contrats d'édition et les accords de licence définissent les termes et conditions de la publication de votre livre et régissent la manière dont vos droits d'auteur seront gérés. Il est crucial de lire attentivement ces documents pour vous assurer que vos droits sont protégés et que vous comprenez pleinement les conditions auxquelles vous vous engagez.

2. Clarification des responsabilités : Les contrats d'édition précisent les responsabilités de chaque partie impliquée dans la publication du livre, y compris les obligations de l'auteur, de l'éditeur et des détenteurs de droits. Comprendre ces responsabilités vous permet de savoir ce qui est attendu de vous et des autres parties tout au long du processus de publication.

3. Gestion des droits : Les contrats d'édition définissent également les droits que vous accordez à l'éditeur ou au détenteur de droits, tels que les droits de reproduction, de distribution et de traduction. Il est essentiel de comprendre ces droits et de vous assurer qu'ils sont limités de manière appropriée pour protéger vos intérêts en tant qu'auteur.

Conseils pour négocier des contrats équitables :

1. Recherche et comparaison : Avant de signer un contrat, faites des recherches et comparez les offres d'autres éditeurs ou détenteurs de droits. Cela vous donne une meilleure idée des normes de l'industrie et vous permet de négocier plus efficacement des conditions équitables.

2. Engagement professionnel : Abordez les négociations avec un engagement professionnel et préparez-vous à défendre vos intérêts en tant qu'auteur. Soyez prêt à poser des questions, à demander des clarifications et à discuter des conditions qui vous préoccupent.

3. Consultation juridique : Si nécessaire, consultez un avocat spécialisé en droit d'auteur pour examiner le contrat et vous fournir des conseils juridiques. Ils peuvent vous aider à identifier les clauses potentiellement problématiques et à négocier des modifications pour protéger vos intérêts.

4. Clarté et transparence : Assurez-vous que le contrat est rédigé de manière claire et transparente, et qu'il reflète fidèlement les conditions convenues entre les parties. Évitez les clauses ambiguës ou trompeuses qui pourraient être interprétées de manière à nuire à vos droits en tant qu'auteur.

En comprenant pleinement les contrats d'édition et les accords de licence, et en suivant ces conseils pour négocier des conditions équitables, vous pouvez protéger efficacement vos droits en tant qu'auteur et maximiser les opportunités de succès pour votre livre.

7.6 Utilisation équitable et licences créatives

Dans cette section, nous aborderons le concept d'utilisation équitable et son application dans le contexte des droits d'auteur, ainsi que l'introduction aux licences créatives et leur utilisation pour partager et protéger votre travail.

Utilisation équitable :

1. **Définition :** L'utilisation équitable est un principe juridique qui permet l'utilisation de matériel protégé par le droit d'auteur sans obtenir l'autorisation du titulaire des droits dans certaines circonstances limitées. Il est conçu pour favoriser l'éducation, la critique, la recherche et d'autres activités sociales bénéfiques tout en protégeant les intérêts des auteurs.

2. **Critères :** Les tribunaux évaluent généralement plusieurs facteurs pour déterminer si l'utilisation d'une œuvre constitue une utilisation équitable, notamment le but et la nature de l'utilisation, la nature de l'œuvre protégée, la quantité et la substance de la partie utilisée, et l'effet potentiel de l'utilisation sur la valeur marchande de l'œuvre.

3. **Application :** L'utilisation équitable peut inclure des activités telles que la critique littéraire, les commentaires, les parodies, la recherche universitaire et l'éducation. Cependant, il est important de noter que la notion d'utilisation équitable peut varier d'un pays à l'autre, et ce qui est considéré comme une utilisation équitable dans un pays peut ne pas l'être dans un autre.

Licences créatives :

Définition : Les licences créatives sont des outils juridiques qui permettent aux auteurs de spécifier les conditions sous lesquelles leur œuvre peut être utilisée, partagée et modifiée par d'autres. Ils offrent un moyen flexible de protéger les droits d'auteur tout en permettant un plus large accès au contenu créatif.

1. Types de licences : Les licences créatives comprennent différentes options, telles que la licence Creative Commons, qui permet aux auteurs de choisir parmi une gamme de conditions préétablies pour définir la manière dont leur œuvre peut être utilisée. Ces conditions peuvent inclure des exigences telles que l'attribution de l'auteur, l'utilisation non commerciale, et le partage dans les mêmes conditions.

2. Utilisation : Les licences créatives sont largement utilisées par les créateurs de contenu en ligne, y compris les auteurs, les artistes, les photographes et les musiciens, pour partager leur travail tout en conservant un certain contrôle sur son utilisation. Ils offrent une alternative aux droits d'auteur traditionnels en permettant aux créateurs de définir des conditions spécifiques pour l'utilisation de leur travail.

En comprenant le concept d'utilisation équitable et en explorant les licences créatives, vous pouvez mieux protéger votre travail tout en favorisant un accès plus large à votre contenu créatif. Ces outils offrent des moyens flexibles et innovants de partager votre œuvre tout en préservant vos droits en tant qu'auteur.

7.7 Ressources juridiques et conseils pratiques

Dans cette section, nous mettrons en évidence des ressources juridiques utiles pour les auteurs, y compris des sites web, des ouvrages de référence et des services juridiques, ainsi que des conseils pratiques pour naviguer dans les questions juridiques liées à la publication de votre livre.

1. Services juridiques :

- **Avocats spécialisés en propriété intellectuelle :** Engager un avocat spécialisé en propriété intellectuelle peut être bénéfique pour obtenir des conseils personnalisés sur les questions juridiques spécifiques à votre travail.

- **Consultation juridique en ligne :** Des services de consultation juridique en ligne peuvent fournir des conseils juridiques abordables et accessibles pour les auteurs cherchant à résoudre des questions de droits d'auteur.

Conseils pratiques :

1. Éducation : Prenez le temps de vous éduquer sur les principes fondamentaux du droit d'auteur et de la propriété intellectuelle pour comprendre vos droits en tant qu'auteur.

2. Documentation : Gardez des dossiers détaillés de vos travaux créatifs, y compris les dates de création, les révisions et les communications avec les éditeurs ou autres parties prenantes.

3. Consultation : N'hésitez pas à consulter des experts juridiques ou des ressources spécialisées si vous avez des questions ou des préoccupations concernant les droits d'auteur de votre travail.

4. Utilisation éthique : Respectez toujours les droits d'auteur des autres et assurez-vous d'obtenir les autorisations appropriées avant d'utiliser le travail créatif d'autrui dans votre propre travail.

En utilisant ces ressources juridiques et en suivant ces conseils pratiques, vous pouvez naviguer plus efficacement dans les questions juridiques liées à la publication de votre livre et protéger vos droits en tant qu'auteur.

Au terme de ce voyage à travers les méandres de l'auto-édition avec Amazon KDP, je tiens à vous exprimer ma profonde gratitude pour votre engagement et votre dévouement. Votre intérêt pour cette formation pas à pas témoigne de votre désir ardent de maîtriser les rouages de l'auto-édition et de vous lancer avec confiance dans l'aventure de la publication de votre livre.

Votre persévérance et votre volonté d'apprendre sont une source d'inspiration pour moi et pour tous ceux qui ont suivi cette formation. Chaque étape franchie, chaque obstacle surmonté nous rapproche un peu plus de la réalisation de nos rêves d'auteur indépendant.

Je vous encourage vivement à mettre en pratique les connaissances acquises au cours de cette formation. Que ce soit pour publier votre premier livre ou pour perfectionner vos techniques d'auto-édition, rappelez-vous que chaque pas que vous franchissez vous rapproche un peu plus de votre objectif. N'oubliez jamais que le chemin de l'auto-édition est semé d'embûches, mais aussi de belles découvertes et de réalisations gratifiantes. Continuez à écrire avec passion, à apprendre avec curiosité et à partager vos histoires avec le monde.

Encore une fois, je vous remercie du fond du cœur pour votre participation à cette formation. Je vous souhaite tout le succès que vous méritez dans votre parcours d'auteur indépendant.

www.ingramcontent.com/pod-product-compliance
Lightning Source LLC
Chambersburg PA
CBHW052209220526
45471CB00004B/1879